岩手の養護教諭

―次代への伝言―

遠藤巴子

岩手の養護教諭

―次代への伝言―

はじめに

岩手県立養護教諭養成所を卒業した私の初任地は、盛岡からは遠い小さな海辺の村だった。子どもたちと学校生活をともにするなかで生活環境、教育環境、医療環境が都市部とあまりにもかけ離れていることを知ってショックを受けた。

特に病院での受診が必要な児童がいるのに、遠方のために時間や費用がかかり受診できないという現実を突きつけられたときには、「同じ岩手県内なのに、こんなにも違っていいのだろうか？」と怒りにも似た思いがこみあげてきたものである。

「この世に生を受けた生命は、皆国家の赤子であり、皆平等に尊ばれなければならない」

学生のときに学んだこの赤十字精神が、私の養護教諭としての原動力になっている。

私が養護教諭の道に進んだのは、日本が戦後の復興期を経て高度成長期に入った時期だった。当初、岩手県には養護教諭の組織が確立されていなかったこともあり、苦労の連続だった。

その後、岩手県立盛岡短期大学、岩手県立大学で勤務しながら一貫して養護実践に関わってきた。退職してからも現職養護教諭や退職養護教諭との交流を続けており、相互に情報交換を行っている。

今回、養護教諭の本を刊行しようと思い立ったのは、養護教諭の礎を築いた先人たちの功績を明らかにし、今日に至る紆余《うよ》曲折《きょくせつ》の歩み、養護実践の実態などを実践者の証言を交えながらまとめ、それらを次代へ伝えたいとの強い思いにかられたためである。

とりわけ県立養護教諭養成所の設立に尽力した山中吾郎《やまなかごろう》（当時・県教育長）、南出英憲《みなみでひでのり》（同・盛岡赤十字病院院長）、岩崎コヨ（同・県視学官）の3人は特筆されるべき功労者である。養成所設立までの経緯をわかりやすく読み物風にまとめたつもりである。

養護教諭の活動は児童生徒の身近にいて健康問題と直接的に関わることから、時代の変遷《へんせん》に伴って変化を続けてきている。本書では養護教諭がそれぞれの時代においてどのように向き合い、改善策をとってきたのか、そのことを伝えるためにできるだけ多くの養護教諭の証言を集めるように努めた。

この本が、現職養護教諭はもとよりこれから養護教諭になろうとする若い人たちの一助となることを願ってやまない。また、養護教諭について知らない人たちにも、岩手の養護教諭・看護教育および教育界の歴史の一端を知るための文献、実践記録、証言集として読んでもらえれば幸いである。

岩手の養護教諭
―次代への伝言―

目次

第1章　私の歩んだ養護教諭の道

第2章　養護教諭の変遷

第3章　岩手県立養護教諭養成所の果たした役割

第6章　養護教諭養成課程存続の危機

第7章　出会い

第8章　寄　稿

凡　例

※本文は「である体（調）」としたが、引用文や寄稿文などについては原文を尊重し、「ですます体（調）」も使用した。
※本文は原則として敬語（尊敬語・謙譲語・丁寧語）は使用していない。ただし、引用文や寄稿文については原文を尊重し、敬語のままとした。
※文中に登場する人物の敬称。当時の部署名・役職名などの肩書は記したが、引用文や寄稿文などを除き、「さん」や「氏」などの敬称は省略した。
※数字の表記については、読みやすいように原則として算用数字としたが、引用文や寄稿文については筆者の意向を尊重し、算用数字、漢数字の両方を使用した。
※西暦和暦について。年号を最初に記したうえ、その下に（ ）で西暦を入れた。
※医学用語、専門用語については、できるだけ一般の人でもわかる用語に直した。
※看護婦と看護師の表記について。平成13年（２００１）に「保健婦助産婦看護婦法」が「保健師助産師看護師法」に改正され、翌14年３月から従来の看護婦・看護士（男性）は看護師の呼称に統一された。このため本文においては、平成14年３月を境にそれ以前については看護婦、以降については看護師とした。
※養護教諭の活動について、平成の初めまではアンケートで、それ以降については寄稿文に寄り、現在までの養護実践活動として示した。
※寄稿に関しては、明らかな誤字の間違いなどを除き、原文のままとした。

序文にかえて
養護教諭の実践者・養成教育者・研究者としての遠藤先生からの学び

茨城大学・名古屋学芸大学名誉教授　　中村朋子

わたしは岩手県立看護大学・大学院で短期間でしたが学校救急看護活動の授業を行いました。授業終了後、遠藤先生から評価や、ご教示頂いたことを次年度の授業に生かしてきました。養護教諭養成に携わっていることを心にかけていただき著者論文等送っていただいています。

遠藤先生が長年、多岐にわたる活動をまとめられた著書は「岩手の養護教諭」と限定し、岩手県の養護教諭の実践や歴史になっていますが、内容は岩手県に限らず困難に立ち向かい苦悩していた或は苦悩している全国の養護教諭に共通する課題も多いです。そしてその課題の改善・解決に参考になります。多くの養護教諭に読んでほしいと願っています。

著書の構成は養護教諭として現場での実践、養成教育とそれらに伴う調査・研究、歴史研究等に分けられます。

現場での実践、調査研究から

先生は養護教諭になって、子ども達の健康問題を地域に働きかけ、地域の方、保護者と一緒に活動されています。先生が子どもたちの対応に悩みながらも、真剣に対応されたことが子どもの心に響いた事例、教え子が先生の姿勢を見て養護教諭になった事例等々、まさに教師冥利につきるということでしょう。

養護教諭が学校内や地域での認識が薄く理解されにくかった当時でも、先生を含めた多くの養護教諭は、今日、言われるようになった「チーム学校」の先駆けの実践を行っていました。

次に勤務された盛岡短大では大学生の健康管理の担当でしたが、保健室を中心に、養護教諭の執務に準じた活動を心掛けておられました。在校生や卒業し保母になった方々の健康状態を気にかけ実態を調査し、改善されています。

岩手医科大学衛生学公衆衛生学講座の研究生、筑波大学名誉教授宗像恒次先生のヘルスカウンセリングの研鑽等々は、岩手県立大学に勤務されてからも続けられました。そして養護教諭や公衆衛生関係者、看護職者等々、多くの方々と共同で調査研究をされています（本文中の文献参照）。

退職された現在も現職や退職された先生方と交流を深められ、研究・ご指導されています。このことは、一貫してよりよい養護教諭への追究が原動力となり継続されてきたものと思います。

岩手県立看護大学の開校について

大学、学部、課程の新設は、法制度、既存大学との関係、施設・設備等予算、人事の事等の要因が絡み、開校されるまで紆余曲折があります。ここでは岩手県立看護大学の設立までの経緯、請願等の経過が詳細に記述されています。先生は早くから大学での看護教育・養護教諭養成教育の必要を願っておられました。大学ができて二年目からこれまでの経験を生かした養護教諭の養成教育・研究を担当されました。また、養護教諭養成課程の存続の危機に際しては即、関係団体と協力しあいメディアを通して県民に養護教諭課程の必要を訴える活動をされ、時機を逃さずに行動する大切さを教えてくれました。

歴史研究から

先生は岩手県の養護教諭の歴史研究の第一人者です。先生の調査・研究された文献（第二章から第四章も含めて）や、共同研究者である学校保健・養護教諭の歴史研究者杉浦守邦先生等の文献から先人の具体的な活動を知ることができます。養護とは、養護教諭とは等々学習できます。

多くの方の実践報告から

著書の後半は先生からご指導を受けた養護教諭、同僚、養成に関係する先生方の寄稿が記載されています。先生方の「実践知」からも多くのことを学ぶ事ができます。後に続く私たちは副題にある「次代への伝言」を受け継いでいきます。

遠藤先生、お元気で後進の養護教諭のため、さらにご指導をお願いいたします。

第1章　私の歩んだ養護教諭の道

養護教諭というと、特別支援学校（心身障害児（者）を対象とする学校）の教員と勘違いする人が少なくない。養護は、最近では養護施設、特別養護老人ホームなど福祉の領域でも用いられており、とまどいがある。

養護教諭という名称には馴染みがなくても、「保健室の先生」と言えばたいがいの人は学校生活のときを思い出し、納得してうなずく。養護教諭とは、学校教育法において「児童の養護を掌《つかさど》る」と規定されている教育職員のことであり、児童生徒の発育・発達を支援し、健康の保持増進に関する仕事をしている。

では、実際に養護教諭はどんなことをしている先生なのか。その概要を知ってもらうために、まずは私がたどった半生記を簡潔に紹介したい。

岩手県立養護教諭養成所で学ぶ

昭和11年（1936）10月30日、私は岩手県葛巻町《くずまきまち》江刈《えかり》（当時は江刈村）に、吉田秀男《ひでお》と綾子の次女として生まれた。

父は岩手師範学校を卒業後、九戸郡久慈町（現・久慈市）侍浜《さむらいはま》小学校校長、九戸郡の視学を務めたのち、江刈尋常高等小学校（現・葛巻町立江刈小学校）校長をしていたが、結核の病に倒れ、私が3歳のときに他界した。小学校の一角にある教員住宅で私は誕生したと聞いている。

母は函館の大妻技芸学校（現・函館大妻高等学校）を卒業後、外川目（現・久慈市外川目）の女子青年に和裁を教えていたが、結婚を機に専業主婦となった。夫が亡くなった後は、実家のある久慈町に帰り、長福寺で女子青年に和裁を教えた。その後、夫の親戚を頼って二戸郡にもどり、田部《たべ》村の簡易郵便局員として働いた。なお、二戸郡田部村は昭和30年（１９５５）に岩手郡葛巻町、江刈村と合併し、岩手郡葛巻町に編入される。

昭和16年（１９４１）12月８日、太平洋戦争が始まった。

戦時中、尋常高等小学校は国民学校初等科（修業年限６年）と同高等科（同２年）に改組された。私は久慈国民小学校に入学したが、３年のときに田部村の冬部《ふゆべ》国民小学校へ転校した。戦時下のため食事、衣服などすべてがつつましく質素な生活だった。昭和20年８月15日、日本はポツダム宣言を受諾し、太平洋戦争が終わった。

戦後の学制改革により、私は新制の葛巻町立田部中学校を卒業。昭和27年（１９５２）４月、県立一戸《いちのへ》高等学校へ進学した。卒業が迫ってきても私は、その後の進路について確固とした考えをもっていなかった。そんなある日、教員をしている叔母から声をかけられた。

「保健室の大森由喜子先生（養成所４回生）の仕事が素晴らしいので、あなたも養護教諭養成所を受験してみたら？」

と言われ、興味を抱いた。

叔母の説明によれば、岩手県立養護教諭養成所を卒業すれば保健室の先生になれるという。しかも受験料、授業料は必要なく、養成期間中は奨学金も支給される、と聞いて驚いた。私にとって何より魅力的だったのは、家族に経済的な負担をかけなくても学べるという制度だった。このような進学の機会があることを知って胸が躍った。

昭和30年（1955）4月、私は同養護教諭養成所に7回生として入学した。養成所には岩手県ならではの独特の制度があった。養成所といっても自前の施設はなく、前期3年間の看護教育は盛岡赤十字高等看護学院、後期1年間の養護・教職教育は岩手大学学芸学部（現・教育学部）において行われていた。

同看護学院においては、入学後6か月間は成績および看護婦として適正か否かを考える期間とされていた。当時の定員は約15人だったが、1、2回生は定員に満たなかった。高校への周知が遅れたこと、成績が追いつかなかったなどが原因だったと聞く。3回生は10人、4、5、6回生は15人の定員であった。7回生以降10回生までは県の財政困難により、10人定員となった。入学から6か月間の予科教育を経て、戴帽式《たいぼうしき》が行われた。

養護教諭を望んで入学した学生のほとんどが3年間の看護婦教育を受けることを知らずに入学したため、看護実習、とりわけ夜間実習のつらさ、時間的に余裕がない勉学に苦痛の多い学生時代だったと漏らす人は少なくなかった。

実は7回生は、盛岡赤十字高等看護学院（前期課程）で学んだ最後の生徒である。第8回生から養成所最後の第10回生は、県立盛岡高等看護学院で学んでいる。

私のクラス24人は昭和33年3月、同高等看護学院を卒業した。14人の卒業生は看護婦として赤十字病院で働いたが、私たち10人は養護教諭の資格を得るために、さらに岩手大学学芸学部（後期課程）に在籍して養護・教職教育を学んだ。

翌34年3月、同養成所を卒業し、それぞれの赴任地へと向かった。

初任地の小学校で試行錯誤の日々

普代小学校に着任

私は岩手県の養護教諭として採用された。

採用が決まった私たちに初任地の希望を書きこむ用紙が渡された。私は第1希望として盛岡周辺、第2希望として鉄道沿線　第3希望として沿岸と書いた。

結果は第1でも第2でもなかったが「あなたの希望する沿岸ですよ」と言われた。九戸郡種市町《くのへぐんたねいちまち》（現・洋野町《ひろのちょう》）の城内小学校に決まった。ところが、赴任1週間前になって、下閉伊郡《しもへいぐん》普代村《ふだいむら》の普代小学校に変更になった。あとになって、その理由が現職養護教諭の都合によるものだとわかったものの、当時は突然の変更にめんくらったものである。

昭和30年代の岩手というと、道路網の整備がいちじるしく遅れていた。舗装道路などは都市部の駅前ぐらいである。普代村へ行くには東北本線の青森行きの汽車に乗り、八戸駅で八戸線に乗り換えて久慈へ向かう。久慈駅で下車してからは国鉄バスを利用する。

私は伯母に伴われ、盛岡駅を早朝に発った。予定通り八戸線に乗り換えて久慈駅で下車すると、さらにでこぼこ道を走るバスに2時間ほど揺られた。途中、待ち時間が長く、伯母が思わず「ほんとうに、あなたの行く学校がこの先にあるの?」と心配するほどだった。2人とも不安に包まれての旅となった。

普代に着いたときには、すでに午後になっていた。

普代小学校に着くと、真ん中に薪《まき》ストーブを据え、周囲に先生方の机が置いてある職員室に通された。挨拶《あいさつ》のあと、教頭先生が宿へと案内してくれたが、お寺の奥、しかも鬱蒼《うっそう》と杉の木が聳《そび》える薄暗い小道の向こうにある宿を見るなり、足がとまった。

とても女1人が泊まれるような所ではない。教頭先生にその旨を伝えたうえで踵《きびす》を返した。幸いその日から1週間ほどは学校の近くにある商家に泊めてもらったうえ、その後、学校に近い民家の一室を借りることができた。

寄生虫駆除

着任して真っ先に取り組んだ養護活動は、寄生虫卵駆除である。

学校の便所はくみ取り式(「ボットントイレ」と言っていた)のため、排泄した糞尿は上からまる見えだった。ショックだったのはミミズのような回虫が白くあちこちに見えたことである。これは盛岡辺りでは考えられないことだった。気持ちが悪くトイレに行くのにすら勇気がいった。

さっそく検便の必要性を職員会議に提案した。ところが、村も保護者も検便料10円を出す余裕がないという。そこでお金をかけずに保健室で検便することを考え、事前に母校の盛岡赤十字病院の臨床検査室を訪ね、検便の方法を教えてもらった。

それからというもの、全校生徒３５０人以上の児童が持参した便を保健室において検査する作業が始まった。理科の先生から借りた顕微鏡でプレパラートに塗布した便をひとつひとつ覗《のぞ》きこんでは確認するという根気のいる仕事である。さすがに見かねた理科の先生が途中から手伝ってくれた。

驚いたことに生徒の実に90％以上が寄生虫卵の保有者だった。学校で駆虫薬である海人草《かいにんそう》（フジマツモ科の紅藻、マクリ）を煎じて服用させ、駆除にあたった。学校現場では「かいじんそう」と言っていた。

役場の国保担当の課長が来校した際に実態を伝えたところ、その後、予算化してくれた。しかし、私が学校を去ったあとはその予算は計上されなくなったと聞き、正規のルートで予算化すべきだったと深く反省した。

清潔検査・衛生指導

養護教諭にとって清潔検査も悩みの種だった。「手はきれいか、爪は伸びていないか、耳の後ろや首はきれいか、ハンカチは持っているか、風呂に入ったか」など、児童保健係と一緒に定期的に調べ、清潔習慣を身につける活動を展開した。

とはいうものの、ほとんどの家庭に水道はなく井戸水や湧き水、河川水を使用しているところが大半だった（昭和40年代には濾過水《ろかすい》の水道が何軒か入った）。私も近くの井戸からバケツに水を汲んできて炊事をしていた。

プロパンガスは普及しつつあったが、まだまだ竈《かまど》での煮炊きが多く、風呂がないために風呂のある家に行って貰《もら》い風呂をしている家庭も少なくなかった。内風呂のある家は少なく外風呂だった。このため、形式的な質問による検査から脱却しなければと思い、手洗いや入浴の具体的な指導に取り組むことにした。

手洗い指導では、学校の便所の前にクレゾール消毒薬を入れた洗面器を置いて、手洗いをする習慣を身につけさせるようにした。流水で手を洗わせたいと思い、蛇口を数個つけた水槽を作ってもらった。

水槽に水を入れるのは保健係の児童のため、水くみ作業は大変な苦労だった。なかには手洗いに時間をかけすぎる児童に向かって保健係が「水の無駄づかいをするな」などと怒鳴ったり、肝心の手をふくハンカチを持っていなかったり、十分な水量で洗えないといったトラブルはあったものの、児童同士の話し合いで解決するように努めた。

入浴指導では教員住宅の風呂を開放してもらい、希望者を募り、放課後に入浴指導を開始した。風呂の入り方から頭の洗い方など、耳の中や首の後ろもしっかり洗うなど、まさに手取り足取りの指導だった。

トラホーム（トラコーマ）

岩手県における昭和30年代の児童生徒の主な疾病というと、トラホーム、結膜炎などの眼疾患および白癬《はくせん》、疥癬《かいせん》などの伝染性皮膚疾患が多く、蓄膿症《ちくのうしょう》（慢性副鼻腔炎の俗称）、扁桃腺《へんとうせん》肥大が増加傾向にあった。

このうちトラホームはクラミジア・トラコマチスを病原体とする伝染性の結膜炎。今日、先進国ではほとんど見られなくなったが、アジアやアフリカなど発展途上国ではいまだに患者が多く、治療が受けられずに失明するケースが後を絶たない。なお、一般的にはドイツ語読みのトラホームで知られているが、医療関係者を中心に英語読みのトラコーマの呼称も広く使われている。

私の勤務校においては、竈で煮炊きをするため煙が目にしみ、汚れた手で擦《こす》ったり、顔を洗う洗面器やタオルを共同で使っている家庭が多いためにトラホームの罹患率《りかんりつ》が高かった。専門医を受診するには片道2時間のバスに乗って久慈市まで行くしかない。だが、勉強に支障があることや家庭の経済事情などを考えたら、通院治療はまず無理である。

当時、家庭訪問をしたくても、※拒否されることが多かった。

両親を説得するには時間も労力もかかった。とはいえ学校保健の推進上、急いで手を打たなくてはならない、どうにかして学校で治療できないものかと考えあぐね世話になった盛岡赤十字病院の眼科医を訪ね、相談した。

「日曜日だったら行って診てあげる」

と言われたときには、ホッと胸をなでおろした。母校に改めて感謝した。校内で相談した結果、村内の中学校1校、小学校4校の児童生徒を対象に検診を実施することになった。

当時、養護教諭は1村1校に配置された。兼務発令ではなかったが、私は全校を巡回して指導した。検診でトラホームに罹患《りかん》しているのがわかった児童は、教室の机を並べて作った簡易ベッドの上で手術をした。学校は病院に早変わりし、先生方は土曜日（半日休日）、日曜日を返上して実施した。翌日から術後の洗眼と抗生物質を含んだテラマイシン軟膏を使った治療を開始した。養護教諭のいない学校では教員が洗眼し、テラマイシン軟膏を塗布するなど、各学校の先生が一丸となって奮闘した。

1年に1回の専門医による検診と手術および学校での治療が功を奏し、トラホームは激減した。

ちなみに、村内の医療機関といえば診療所がひとつあるだけで、そこには内科医が常駐していた。児童生徒の健康診断のときには、校医を委嘱《いしょく》されているその内科医が内科だけでなく眼科、耳鼻科の診断まで行っていた。

ある年、その校医から「小・中学校5校の検診で忙しいので、扁桃腺肥大の診断をするように」と指示された。診断は医師しかできない。それは医師法で決まっている。丁重に「できない」旨を伝えて帰校した。

内科医はそのことは百も承知のうえで頼んでいたのだろう。だが、養護教諭の立場で診断をし、のちに問題が発覚したら、私だけでなく村や県の責任問題に発展しかねない。数日後、今度は校長室に呼ばれ、「村長から、扁桃腺肥大の診断をするようにと、連絡があった」と告げられた。

校長に対し、私は前述したような理由を説明して、やっと了解してもらった。養護教諭は医師と同じような診療や医療行為ができると勘違いされている時代であった。特に医師がいないか、あるいは少ない地域ではその傾向が強かった。ケガをした村民が保健室に駆けこんでくることもしばしばあった。

なかには出産に立ち合ったという先輩もいた。当時の養護教諭は僻地要員として派遣されていたこともあって孤独だった。この頃、学校行事として部落（地区）懇談会が夜間に行われていた。私は、学校・家庭における衛生教育について担当した。養護教諭は何をする先生か理解されていなかったために、まずは養護教諭の仕事の中身を知ってもらうことからスタートしなければならなかった。

※家庭訪問を拒否される理由として、当時は「開拓保健婦さんや養護教諭の先生が家にくると、結核のマキ（血筋）と疑われ、風呂をもらえなくなる」そのように言う人も少なくない地域性があった。結核（ほとんどは肺結核）は戦後、有効な治療薬の普及により死の病ではなくなりつつあったが、地域によっては「あ昔から結核に罹りやすい血筋があると信じこむ因習のようなものがあった。そのように疑われると、「あの家は結核のマキだ」と陰口を言われ、近所付き合いも敬遠された。当然、もらい風呂も拒否される。戦前、戦中に保健婦や看護婦がやってくる家には結核患者がいるのではないかと白い目で見られていた。「養護教諭もまた、同じように思われていて、家に来てほしくない」というのが拒否の理由だった。

便所のくみ取り

着任後、便所の回虫に驚いたことは記したが、当時は糞尿が畑の肥やしとして使われていたことから、学校の便所がいっぱいになると農家の人たちがくみ取りに来てくれていた。

日本で化学肥料が市販されるのは昭和30年代のことで、急速に普及するのは昭和40年代に入ってからになる。郡部ではまだまだ堆肥づくりに糞尿を使っていたはずだが、たまたま農繁期とかちあったりしたのかどうか、学校側が頼んでもなかなかやってこなくなった。農家にすれば年中、田畑に追肥するわけではない。必要なときに必要な量があればいいわけで、その意味では当然といえば当然であったのかもしれない。

とはいえ、便槽からあふれた汚物が校地に流れるようになると、見て見ぬふりはできない。このまま不衛生な環境を放置するわけにはいかず、私は保健衛生の観点から児童保健係と話しあったうえで、何回か一緒にくみ取り作業を行った。

たしかに大変な作業である。最初は匂いだけで倒れそうになった。しかも糞尿の入った樽を運ぶのも骨が折れる。児童もよく作業してくれたものだと思う。

DDTによるシラミ退治

シラミといえば過去のものだと思っていたが、平成になっても頭髪のシラミが蔓延し、病院や学校で対策がなされていると聞き、びっくりしている。

昭和30年代は不衛生な環境により頭シラミ、衣シラミがほとんどの児童についていた。各学校ではＤＤＴ散布をし、その対策にあたっていた。ＤＤＴは有機塩素系の農薬、殺虫剤。終戦直後、アメリカ軍により主としてシラミ退治用として持ちこまれた。当初は人体には無害と思われていたが、のちに毒性が問題になり使用中止となった。

当時、私も毒性があるとは知らず、頭シラミについては頭部に直接ＤＤＴを散布していた。シラミが苦しがって表に出てくるので三角布をかぶせてシラミを閉じこめたまま授業を受け、家に帰ってから髪を洗って清潔にする。この方法を年に何回かくり返した。

衣シラミの場合は、手首や首からシャツの間にＤＤＴを散布したうえ、「帰ったら風呂に入り、洗濯をし、清潔にするように」と指導した。また、床屋にも行けない児童のため散髪をするはさみや櫛・バリカンなどを学校で購入してもらい、家庭でできない子どもを対象に散髪指導を行った。

ＤＤＴ散布は今となっては、なんと恐ろしいことをしていたことかと身震いするが、当時は専門的な情報などはほとんどなく、それが最善の退治法と信じきっていた。のちになって何ごとも完璧なものはないと思い知らされた事例であり、科学的根拠に基づいた実践など考えられない時代であった。教訓になっている。

医療・経済格差の実態

保健室にいるといろんなケースがある。

あるとき小学4年生の男子が上腕を抱え、泣きながら保健室に入ってきた。上腕の骨折が疑われたことから応急処置を行い、すぐに担任を通じその子の母親に連絡した。

学校にやってきた母親は「先生の指導が悪い」とまくしたてて学校側を責めた。それだけではない。子どもに対しても「金がかかる」と言って怒鳴りつけた。

病院での受診を勧めたが、母親は治療代や病院までのバス代がかかるなどと言って渋った。私はとにもかくにも病院に行くように説得したうえで、村当局と交渉して補助金をもらうことができた。

それから数か月後、「廊下で転んだ」と大声で泣きながら、同じ男子児童が以前骨折した腕を抱えて保健室に入ってきた。ヒヤッとした。やはり同じところを痛めていた。

それにしてもあまりに泣き方が激しい。理由を聞くと、「おっかあに叱られるのがこわい」と言って、泣きじゃくっている。

児童生徒の負傷や疾病などに対する災害共済給付を行う全国学校安全会が設立されたのは、私が養護教諭として働き始めた翌年の昭和35年（１９６０）のことだが、まだ県内では体制が整っていなかったのだろう。私はできるだけ早く日本学校安全会法に基づくこの制度が広く普及するようにと願った。

なお、学校の管理下における児童生徒の負傷、疾病に対する医療費、障害見舞金、死亡見舞金の給付制度は現在、独立行政法人日本スポーツ振興センターが行っている。

この児童のケースに見られるように、私は都市部と郡部での医療格差があまりにもひどいことに憤り、疑問を抱いた。学校保健に対する意識が一段と高まり、養護教諭の果たすべき役割、その重要性を認識する原点となった。

格差は医療だけではなかった。それぞれの家庭の事情による貧富の差も際立っていた。風呂に入れなかったり、洗濯をしないために同じ服を着たままだったり、遠距離から歩いてくる児童も少なくなく、なかには弁当を持たないでくる児童もあった。今日も経済格差が問題になっているが、当時は都市部と郡部との格差は際立っていた。

私は苦肉の策として、保健室に半年以上も取りにこない忘れ物のシャツなどを洗って着せたり、弁当を持参しなかった児童にそっとおにぎりをわたしたりしていた。

最初の研究発表

私が初めて研究発表を行ったのは、普代小に勤務して2年目に入ったときだった。

何も知らない私は先輩の先生たちから「新人の先生は岩教組（岩手県教職員組合）主催の教研（教育研究）集会で発表することになっている」と言われ、そのことを鵜呑《うの》みにしていた。発表が近づくにつれ、内心穏やかでなかった。

何をどのように発表していいのかわからない。まったく雲をつかむような気持ちである。青森県に学校保健の優良校があることを知り、1人で見学にでかけては指導を仰いだ。

幸い養護教諭の先輩である矢羽々京子の研究資料を手に入れ、これを参考に実態調査をし、やっとのことで研究発表の原稿を書きあげた。このとき矢羽々は東京へ転出していたため、参考にしたのは釜石市立栗林小学校（昭和30年までは栗林村立）勤務時代のものである。

今にして思うと、つたない研究発表ではあったが、このときの体験がその後の研究に繋がる動機となった。なお、新人が教研集会で発表しなくてはならない、という決まりはない。そのことを知ったのは、終わったあとだった。

今も心に残る10円玉

普代小学校での思い出はたくさんあるが、今も忘れられないのは、赴任したときの歓迎会である。普代浜の紺碧《こんぺき》の砂浜において、村民の人たちと先生たちが一緒に円陣を組んで歓迎してくれた。新鮮なアワビやウニの味は格別であった。三陸沿岸に来たんだ、との実感を強くしたものである。

学校では若い先生が多く、結婚していたのは校長と教頭だけだった。

同じ独身同士とあって、勤務を終えると、

「さて、今日はどこの喫茶店にいきましょうか?」

と、架空の喫茶店の話をして盛りあがったり、夕方、浜に出かけてはカニ釣り用の網に餌をつけ、岸壁から海に放り投げてカニ釣りをしたものである。盛岡など内陸部では新鮮な魚介類はなかなか手に入らない。それが普代では海の幸をぞんぶんに味わえる。私にとっては何よりのカンフル剤となった。

そして、私には思い出すたびに胸が熱くなる光景がある。

それは昭和37年（１９６２）９月、約４年間在職した普代小学校にいよいよ別れを告げる日のことである。当時はまだ、普代には鉄道が走っていなかった。国鉄久慈線（久慈―普代間）の開業は昭和50年（１９７５）まで待たなくてはならない（現在は久慈―宮古間は三陸鉄道北リアス線）。

普代の中心部から久慈駅まで行くには、国鉄バスを利用しなくてはならない。自家用車をもっている先生はおらず、学校へ寄付されたオートバイが一台あるだけだった。普代のバス乗り場に教職員と児童生徒たちが見送りにきてくれた。

バスに乗りこもうとしたとき、３年生の男の子が近づいてきた。

廊下ですれちがうたびに私の背中や腕などを力まかせに叩いては立ち去ってゆく子だった。何か複雑な家庭事情でもあるのだろうかと、ずっと気になっていて、見かけるたびに声をかけていた。だが、うちとけないまま、ゆっくりと話を聞くこともできないうちに、離村することになった。

その子は、いぶかっている私の目の前に握りこぶしを差し出した。私が手のひらを出すと、握りこぶしを開いた。手のひらに落ちたものは10円玉だった。当時、それがあれば駄菓子などが買える。その子にとっては大金である。

私は一瞬、返そうと思ったが、その子の気持ちを傷つけてはならないと思い、「ありがとう」と言って、10円玉を握りしめた。

照れ笑いを浮かべ、その子は見送りの集団にもどっていった。バスが発車し、おたがいの顔が見えなくなるまで手を振った……。

あのあと、あの子はどのような道を歩んだのだろうか。今でもあの日の光景を思い出すたびに胸が痛む。

後日談

転勤して10年以上経ったころ、岩泉町で教員をしている友人から電話があった。父兄会の場で、ひとりの婦人が次のような発言をしたという。

「私が普代小学校に在学していたとき、保健の先生からおにぎりをもらって食べたことが忘れられず、今、自分の子どもに、おにぎりを握るたびに、あのときのことを思い出して握っています」

受話器の向こうで友人は聞いた。

「それって、心当たりはないですか?」

ひと昔前のことがまざまざと思い起こされた。その後、その婦人から電話があり、初任地での楽しかったこと、苦しかったことを重ね、しばし思い出話にひたった。

教育は生きている。人と人との繋がりもまた、自分とは知らないところで新しい出会いを重ねている。そして、教育はゆっくり花開いていることを実感した。

さらに盛岡に在職して20年ほど過ぎた。

偶然、私が普代小で勤務していたときに児童だった卒業生と再会した。その女性は普代中学校の校長の娘で4人姉妹の1人だった。そのとき彼女は盛岡の小学校で養護教諭として働いていると、笑顔で語った。私はびっくりした。そういえばこの子は責任感が強く、みんなが嫌がることでも保健係として進んで引き受け、立派にこなしていた。

（そうか。あのときの保健係が養護教諭になっていたのか……）

私は胸がいっぱいになった。しかも、4人姉妹全員が養護教諭となり、県内で2人、他県で2人が働いていると聞いて、さらにびっくり仰天した。言葉に言い表せないような感動に包まれたことを覚えている。

その女性は日高倫子。その後、県学校保健会養護教諭部会の活動などを通して、一緒に学校保健の向上に努めた。姉は久慈市内の養護教諭小倉伯子である。私だけでなく4姉妹ともすでに退職しているが、同じ養護教諭としての道のりを歩んだことを思うと感慨深いものがある。

岩手県立盛岡短期大学　学生の保健管理を介して養護教諭としての職務を探る

短大生相手にとまどう

昭和37年（1962）11月、盛岡市上の橋町（当時は新庄田中）にあった盛岡短期大学の看護婦兼助手として働き始めた（昭和58年4月、主任看護婦兼助手、平成6年4月、上席看護婦兼助手）。同短大は昭和26年4月、前身の岩手県立女子専門学校（昭和21年開設）と県立美術工芸学校（昭和22年開設）を母体として発足した。昭和38年4月、岩手県立盛岡短期大学と改称され、昭和43年4月には盛岡市住吉町の新校舎に移転した。

当時は家政科（昭和26年開設）、保育科（40年開設）、夜間部の法経科第2部（41年設立）の3科で学生が学んでいた（のちに学科名は改称）。

着任当初は、小学校の養護教諭からいきなり高等教育機関での勤務とあってとまどうことばかりだった。それまでの対象は小学生である。それが中学生、高校生を飛び越えていきなり短大生である。言葉づかいからして違う。相談する内容も異なる。

大人っぽい学生たちに慣れるまでに時間がかかった。

当初、同じ教育機関の保健室であり、短大もその延長線上にあると思っていたが、実際に働いてみると保健機構がまったく異なるうえに、大学間の交流もなかった。短大での保健管理については文字通り一からの出発であった。

やがて、全国大学保健管理協会主催の研究集会があることを知り、これに参加してからはやっと道しるべが見つかって進む方向がわかったような気持ちになった。

自己管理意識の啓発

盛岡短大の学生に接するうちに、自己管理意識を育てる必要性を強く感じるようになった。それまで短大の保健室といえば定期健康診断、予防接種、応急処置が主な業務だった。ところが、実際に健康診断や応急処置をしていると、学生の大半は健康についての関心が低く、体調が悪くなって保健室にやってくる。

具合が悪い生徒に応急処置を行ったうえで指導しても、自覚症状がなくなると症状が改善したと思い込み、やはり保健室から遠ざかる傾向が強かった。

「これまでどんな病気に罹ったの？　検査の結果は？」

とたずねると、たいがいは首をひねる。

「たぶん、高校の保健室の先生は知っていると思う」

自分の体なのに他力本願的で自己管理意識は全くないと言うに等しかった。

学生にはもっと健康管理の重要性を認識してもらわなくてはならない。個別の健康指導に加え全学的な取り組みが不可欠だと思うようになった。

従来、定期健康診断の実施日は、学年ごとに授業担当の先生に個別に休講にしてもらい決めていたが効率が悪かった。そこで、事務局教務課と協議のうえ健康診断の実施日を年度当初の年間計画に組み入れてもらうことにした。紆余曲折《うよきょくせつ》はあったが、最終的に年度当初に実施してもらうことで決着し、その後の定期健康診断は容易になった。

さらに教務課との話しあいにより、新たに尿検査、貧血検査、心電図検査も導入してもらった。貧血検査、心電図検査については法律にない項目である。他大学が実施していないという理由で、当初予算化されなかったが、時間をかけて実現にこぎつけた。入学時に健康チェックやＣＭＩ調査を行い、参考資料として学生と面接。必要と思われたときには主治医とも相談し指導した。

それまで、慢性の病気をもつ子どもたちは、大学への入学は考えられない時代が長かったが、医療の進歩に伴い大学入学が可能になってきた。

ある時「１型糖尿病の生徒が短大に入学した。後に続く病児たちの励みになっているので短大でのケアをよろしく」と小児科医から連絡があった。この体験から主治医との連携の必要性について学んだ。

他に、全身性エリテマトーデス、てんかん、筋萎縮性側索硬化症、人工透析の学生等々、個別保健指導を密にし、担任と連携して学習環境（体制）の整備に努めた。学生の努力があって皆社会へ巣立った。

また、保健室の仕事をしていく上で行きづまりを感じることも度々あった。そんな時、頼ってきてくれる学生の悩みを共有することで私もエネルギーをもらい支えられていた。また、ある保護者からは「保健室に行けば先生がいると思うだけで安心感がある」と言われ、保健室にいることの意味を教えてもらった。保健室のあり方を考えるキッカケとなり貴重な体験となった。

ＣＭＩ健康調査

保健室にやってくる学生と接していて気づくことがあった。

それは「朝からだるい」「疲れやすい」「夜、眠れない」などと訴える学生が多かったことである。爪や結膜が白い学生も目立った。

そこで私は、学生部（教員組織）に相談し全学生を対象にした自覚症状調査やＣＭＩ健康調査を実施し、集団での健康状態を把握し、それらを健康管理の資料とした。

ＣＭＩ健康調査とは、心身に関連する自覚症状を調べるために考案された自己記入式の心理テストのことである。１９４９年にアメリカ・ニューヨーク州のコーネル大学のブロードマン教授らによって考案されたことからコーネル大学健康調査票（表）とも呼ばれる。身体的自覚症状質問項目１４４、精神的自覚症状項目51の計１９５問から成る。

最初の調査は昭和43年９月、短大生１００人、盛岡市内の幼稚園教諭63人、同保育所保母１０１人を対象に実施した。

また、短大生への調査は昭和45年度から４年間、本学教授雫石礼子（心理学）とともに毎年継続して実施、昭和49年度から９年間、法経科第２部の学生も加え実施した。

これら学生の調査結果は、保健室に来談《らいだん》した学生の心身の健康相談の資料として用いられた。また、それぞれの調査結果は、「岩手県立盛岡短期大学研究報告」(第19・20・25・34号)に掲載された。

貧血の予防対策

女子学生に多い貧血の予防対策も大きな課題だった。

私は血液検査の必要性を大学当局へ上申した。だが、大学側の要請に応じて他大学の実施状況に関する資料を提出すると、「実施している大学が少ない」との理由で予算化は見送られた。私は昭和49年4月から岩手医科大学衛生学公衆衛生学講座角田文男教授の研究室において研究生として指導を受けていたことから、教授に相談した。

その結果、角田教授の協力で昭和51年(1976)度から2年間、本学女子学生を対象に貧血検査を実施することができた。有所見者は15・6パーセント。これはWHO(世界保健機構)が示す健康水準5%を大きく上回る。データをまとめた資料を大学に提出したところ、3年目から血液検査の費用が予算化できた。

なんとかして短大の女子学生の健康水準を5%以下にしたい。そのために貧血学生の個別保健指導、栄養指導の充実をはかる必要がある。全学生を対象に学内の先生方の協力を得て「貧血に関する基礎知識」「貧血と食生活」と題した保健講話を始めた。

講師は食物栄養専攻教授斉藤憲(栄養化学)、同助手吉岡美子(栄養管理学)である。講話は学生部が推進体制を整え、オリエンテーション時に実施することになった。また、健康手帳を配布し、自分の健康管理（自己管理）に活用するように指導した。この手帳は学内の専門教員が携わり、栄養（前述、斉藤憲・吉岡美子）・運動（鈴木衛教授・体育学）・精神衛生（雫石礼子教授・心理学）・保健及び個人の健康記録欄（遠藤巴子）で構成されている。

また、昭和55年（１９８０）６月、貧血予防対策の成果をみるため学生の生活、食習慣、自覚症状、生活行動などについてのアンケート調査を実施した。貧血は食習慣や経済状態、医学および公衆衛生に関する知識など多くの要因が関係しており、食生活・生活習慣の原因を特定するのは難しく個人差もある。しかし、学生の努力もあって有所見率《ゆうしょけんりつ》（健康診断を受診した人のうち異常が見つかった割合）の低下をみることができた。

その分析結果を翌56年発行の同研究報告（第32号）に掲載した。さらに昭和60年、弘前大学医学部で開催された第32回全国大学保健管理研究集会第２分科会において、話題提供者として「保健室における執務の中から」と題し、貧血女子大生の保健管理をテーマに発表する機会があった。この弘前大学での提言がきっかけとなり、全国の看護職とのつながりができ、研鑚《けんさん》を積むことになる。

保母の健康調査

昭和47年（１９７２）12月、岩手県社会福祉協議会保育部会（花巻、北上、遠野、和賀、宮守等）の依頼を受け、７市町村にある保育所に勤務する公私立職員２６２人を対象に疲労自覚症状のアンケート調査を実施した。

この調査は日本産業衛生協会の「産業疲労調査表」によるもので、回答率は84％だった。結果は疲労度が高く、数字上は24時間勤務のタクシー運転手を上回るものだった。

翌48年3月、この調査結果に基づき、日本産業衛生学会東北地方会（仙台）において、「保育施設職員の健康調査―岩手県中央ブロックにおける保育施設職員の疲労および健康状態について―」という題で発表した。

ところが、13日付の岩手日報に発表の論旨が掲載されると、「あのような研究をされては困る」と、ある園長から電話があり、園長会議の席上へ説明に出かけたことがあった。改めてマスコミ報道による反響を実感した。

このときアンケートだけでなく、実際に現場での観察も必要だと痛感させられた。このころ県内で働いていた保母が頚肩腕症候群で自殺したという報道があったこともあり、保母として働いている卒業生の健康状態が気になった。

そこで、昭和49年3月、岩手医科大学衛生学公衆衛生学講座専攻生・短大教授の鈴木衛、同研究生・岩手医科大学教養部助教授の佐々木茂喜とともに、盛岡の私立保育所の保母4人を対象に2日間、行動観察記録調査、脊柱起立筋《せきちゅう》と僧帽筋《そうぼうきん》（背中の一番表層にある筋肉）の筋電図検査・ダグラスバックによるエネルギー消費量の測定を実施した。また、保育中の保母の姿勢（立位・座位・中腰・歩行）の行動記録をとり労働負担について調べた。

健康状態について聞くと、腰痛や腰痛過敏症、頚肩腕症候群など筋肉や骨格系の疾患を訴える人が多かったことから、保母の作業姿勢に視点をおいて分析した。その結果、幼児が対象であることから、常に下向きの姿勢をとることが多く、そのことで腰痛などの痛みを伴う傾向にあることなどが確認された（姿勢学会報告第2回姿勢シンポジウム論文集、１９９7年6月、東京）。

昨今は園舎も新築されて働きやすい環境になっているという。照明器具の改良も見られるなど全般的に労働条件の改善がはかられていると聞く。

肥満傾向児の保健指導マニュアル

私が養護教諭として勤務したころ、その日の食事にも困るような児童生徒が珍しくなかった。その後、日本は高度成長期を経て飽食の時代となり、今では肥満傾向にある子どもたちが増加し、その対策が深刻なテーマになっている。近年、肥満をとりまく生活環境の変化はいちじるしく、子どもたちの疾病の様相も大きく変化している。テレビ・家庭用ゲーム機や車の普及・運動量の減少による肥満の若年化がみられるようになった。

昭和58年と59年、岩手医科大学医学部衛生学公衆衛生学講座の角田文男教授代表、科学研究費補助金による盛岡市内の小学生を対象に小児肥満対策プロジェクトチームが発足した。メンバーは講座の医師のほか、体育・心理・栄養の教員および小学校の養護教諭４人と私である。

はじめに小学校をベースに諸検査を実施。それらの分析結果を基に養護教諭の各学校において３か月間、プロジェクトチームによる肥満傾向児の指導を実践した。指導の結果、対象児の生活習慣の改善がみられ、一定の成果を得て解散した。

ところがその後も、県内の小中学校においてはなかなか減少傾向はみられず、肥満問題が浮上していた。そこで、プロジェクトチームに参加した養護教諭の有志が集まり、「養護教諭が行う肥満対策」の検討を始めた。そのうえで有志の学校において再度肥満の保健指導に取り組んだ。

さらに平成7年から8年にかけて、互いに実践例を持ち寄り、養護教諭4人、岩手医大衛生学公衆衛生学講座の立身政信助教授、私とで保健指導の内容について検討した。

平成11年（1999）10月のプロジェクトチームの成果に加え、その後の養護教諭の有志による保健指導についても同じ傾向が認められた。これら二つの研究の結果から、自分で生活習慣を見直すことができた児童、生活リズムを獲得できた児童は改善あるいは減少傾向がみられた。このことから養護教諭の行う肥満指導について纏めた。「肥満傾向児を減らしたい。県内の養護教諭と共有したい」との思いがひとつになり、冊子「肥満傾向児の保健指導マニュアル」を作成し、県内の小・中・高校に配布した。

執筆者（五十音順・所属は当時）は、遠藤巴子（岩手県立大学看護学部講師）、菊池恵子（玉山村立〈現・盛岡市立〉渋民中・養護教諭）、立身政信（岩手医科大学助教授）、畠山幸枝（紫波町立日詰小・養護教諭）、宮幸子（盛岡市立浅岸小・同）、吉田裕子（一戸町立小鳥谷小・同）の6人。編集・発行は岩手公衆衛生学会（事務局は岩手医大医学部衛生学公衆衛生学講座）。なお冊子は、岩手公衆衛生学会研究助成金により作製した。この冊子の構成は、宮幸子を中心として養護教諭の考えが集約されており、実践者が作製した画期的なマニュアルとして高く評価された。

平成25・26年度は、岩手医科大学衛生学公衆衛生学講座主任研究者の八重樫由美（助教・後に退職）

が中心になり、久慈地域の全小学校の養護教諭と連携しながら県内における肥満研究を実施し、肥満改善を主眼とした小学校の食生活習慣改善プログラムの開発、普及に取り組んだ。

参考までに、平成28年度全国学校保健統計報告書によると、岩手県における肥満傾向児の出現率は、男女ともすべての年齢で全国値を上回っている。東日本大震災以後、児童生徒の心身の健康への影響が懸念されているが、医療関係者などからは肥満もそのひとつではないかとの指摘があり、県あげての対策が急務になっている。

大学における保健管理の歴史

ここで日本の大学における保健管理の歴史を簡潔に記しておこう。

昭和24年（１９４９）８月、従来の学生だけを対象にした学生健康相談所が改組され、学生だけでなく教職員の保健管理、診療を行う保健診療所となった。

昭和30年代後半には、全国にある大学の保健管理担当者の協議会を設けようとの機運が高まり、昭和33年８月に国立大学保健管理協議会が発足した。昭和38年には同協議会が発展的に解消したうえ、翌39年には文部省の後援によって全国の国公立、私立の大学を網羅《もうら》した社団法人全国大学保健管理協会が結成され、それ以降毎年１回、全国大学保健管理研究集会が開催されるようになった。私もこれに参加するようになってやっと大学における保健管理について感触をつかんだ。

昭和41年（１９６６）、文部省の国立学校設置法施行規則第29条の３により、国立大学に保健管理センターの設置が認められ、その年度内に東京大学など4大学に設置された。これを機に全国大学保健管理協会の後押しもあって、私立大学を含む全国の大学に保健管理センターが設置されるようになった。

今日、たいがいの大学には保健管理センターがある。たとえば岩手大学の場合は保健管理センター長（教授・産業医）1人、臨床心理士准教授（専任）1人、臨床心理士准教授（兼任）1人、保健師3人、臨床心理士（非常勤講師）2人の8人体制を組み（平成29年3月現在）、保健管理に関する実施計画の企画および立案ならびに指導援助、健康診断、健康相談、学生相談、救急処置、環境衛生・伝染病予防等の業務および指導、健康教育、調査研究及び啓発活動などに対応している。

岩手県立大学においては、健康サポートセンターが設置され、スタッフは健康サポートセンター長（教授・産業医）1人、健康サポートセンター特任教授1人、主査保健師1人、看護師1人、事務員1人の5人体制で対応している。

そのほか学生サポートサロンが設置され、特別支援コーディネーター1人、心理相談員（臨床心理士）1人の2人体制で学生相談にあたっている（平成29年3月現在）。

ところが、保健管理センター制度が始まった当初、大学によって対応がまちまちであった。「同センターに所長を置き、所長のほか、教授、助教授、講師又は助手及び技術職員を置くものとする（昭和41年文部省大学学術局）」とあるが、実際には医師、保健婦、看護婦、大学によっては臨床心理士、臨床検査技師、薬剤師などが配置されている。それだけ充実した陣容を組めるのは一部の総合大学に限られていた。小規模の大学においては当初、看護職のみの配置が大半であり、現在に及んでいる。

盛岡短大も例にもれず看護職だけであった。私は保健室での活動を「国立大学の健康管理センターの運営に少しでも近づけたい」との思いをもち、養護教諭の職務に準じて活動していた。

研究集会が縁で大学看護職の専門書を刊行

大学に勤務する看護職といっても、国公私立、大学と短大、学生数、採用形態などによって職務の内容が異なる。保健管理業務を担う看護職の立場も職種（医療職・事務職・教育職など）や給与体系などにより、業務の内容（救急処置・健康相談・保健指導・連絡調整・健康教育・調査研究・授業など）も違っている。

大学によっては医師、看護職、臨床心理士、事務職などのスタッフが揃っている予算規模の大きいところもあれば、対照的に看護職１人だけのところ、週に２~３回だけ看護職が非常勤で勤務するというところもある。その背景には大学における看護職の業務が明確にされていないことや大学は自治によって運営されていることなどが考えられる。さまざまな職場環境や条件で働いている看護職の悩みは多岐《たき》にわたる。

このような実態を明らかにするために、平成２年（１９９０）、全国大学保健管理研究集会などを通して親しくなった全国の看護職と共同で、看護職の実態調査を実施し、平成４年９月、第30回同集会（大阪府）で発表した。

引き続き平成５年に第２回目の調査を実施し、翌６年９月、第32回同集会（長野県松本市）においいて看護職の職務の実態について発表した。

この調査は、片平敬子（聖徳学園・千葉県松戸市）、佐藤睦子（京都文化短期大学）、上古久栄（同志社大学・京都市）、久保みさほ（聖隷《せいれい》学園浜松衛生短大、現・聖隷クリストファー大学看護短期大学部）、遠藤巴子（県立盛岡短大）の5人で実施。この結果、病院の看護職や養護教諭と異なり、大学における看護職の業務が明確でないことが明らかになった。

これまで業務を遂行するためのテキストがないことから看護職それぞれの考えで職務を遂行していたため大学間に格差がみられた。共通理解を図り、発展に向けてのたたき台になればとの思いでそれぞれが実践をもちより専門書を発刊した。

調査メンバーのうち久保を除いた4人に、中尾けさじ（岐阜大学保健管理センター）、中栄久子《なかえくこ》（北海道女子短期大学、現・北翔《ほくしょう》大学短期大学部）を加えた6人は、専門書『青年期の健康と看護―大学生の健康管理―』（日本看護協会出版会）を執筆、同年8月に刊行された。

東北地方部会に看護職部会を設置

全国大学保健管理協会は、ブロックごとに北海道、東北、関東甲信越、東海北陸、近畿、中国四国、九州の地方部会に分かれており、全国研究集会は年1回、地方部会は各地方部会に所属している大学においてそれぞれ開催されている。

私が所属していた東北地方部会の研究集会は年1回、東北6県の大学が事務局を持ち回って開催された。ところが、看護職の会合（分科会）は公認されていなかったことから時間外に集まらなくてはならなかった。

集まった仲間は看護職部会の必要性を感じ、特に熱心だった山形大学の佐藤藤子看護師（養護教諭の資格あり）に呼応し、組織化に向けての取り組みに側面から協力していた。私は東北地区の看護職を対象に調査を行い、平成４年に「大学における保健婦、看護婦の執務内容について―東北地区の調査から―」を同地方部会で発表した。

しかし、佐藤の退職後、活動が衰退ぎみになった。佐藤の後を継ぐ必要性を感じ、弘前大学保健管理センター長の佐々木大輔、秋田大学保健管理センター長の井上修一に相談。強力な支援を得たことから、平成７年～８年の準備期間を経て、第35回全国大学保健管理研究集会東北地方研究集会（平成９年７月）総会において、正式に全国大学保健管理協会東北地方部会看護分科会が組織された。同分科会はのちに東北地方部会保健・看護分科会となる。

ちなみに、東北地方部会の担当で開催された全国大学保健管理研究集会は次の５回。

・昭和51年　第14回（当番校は東北大学）
・昭和60年　第23回（弘前大学）
・平成７年　第33回（秋田大学）
・平成17年　第43回（山形大学）
・平成27年　第53回（岩手大学）

岩手県では初となる第53回全国大学保健管理研究集会は同年9月9日～10日まで、盛岡市民文化ホール（マリオス）で開催された。

集会では運営委員長の岩渕明岩手大学学長による特別講演「岩手大学の震災復興取組みと今後の展望」を皮切りに教育講演、ランチョンセミナー（ランチをしながら参加できる短時間のセミナー）、シンポジウム、一般研究発表（ポスターディスカッション）など多彩なプログラムのもとで活発な議論が交わされた。当時、岩手大学保健管理センター長だった立身政信は、会の運営副委員長を務めた。

現役から退いていた私も岩手大学の招きに応じ、研究集会に参加した。レベルの高い研究発表に加え、看護職の演題発表が多かったこと、会場内に設けられた「保健&看護情報交換コーナー」に看護実践資料がたくさん展示されていることなど隔世の感があった。

会場で手に入れた北海道地方部会の保健師・看護師部会のパンフレットを開くと、同部会が設立された経緯が記されてあった。驚いたことに『青年期の健康と看護』の共著者である中栄久子から情報交換会の提案があってスタートしたと記されてあった。私はうれしくなって中に電話し、マリオスでの研究集会の模様を伝えた。平成28年7月には、執筆者4人が中の住む札幌を訪れ、旧交を温めた。

なお、東北地方部会は新設校の増加により、平成28年4月現在、国立は岩手大学など7校、公立は岩手県立大学など8校、私立は岩手医科大学など30校の計45校を数える。

盛岡短大を退職後、県立大学へ

話が前後してしまったが、盛岡短期大学は、平成10年（１９９８）４月に滝沢村（現・滝沢市）巣子に開校する岩手県立大学に併設され、県立大学盛岡短期大学部と改称されることになった。県立大学は当初、看護学部のみの単科大学として開校されることになっていたが、最終的に看護だけでなく社会福祉、ソフトウェア情報、総合政策の４学部から成る総合大学として開校した。

盛岡短大では県立大学に社会福祉学部、総合政策学部が設置されるのに伴い、保育学科と法経学科第２部を発展的に解消したうえ、生活科学科と国際文化学科が設置されることになった。また、県立宮古短期大学は県立大学宮古短期大学部と改称され、従来通り経営情報学科が設置された。

平成11年（１９９９）３月、保育学科最後の卒業式が行われ、同学科は廃止された（３年制の法経学科第２部は翌12年３月に廃止）。

私は平成９年３月、盛岡短大を定年退職したが再任用され、１年間短大に残った。

平成10年４月、看護学部が創設され、私は講師として養護教諭養成教育を担当した。定年の65歳まで務め、平成14年（２００２）３月、第１期生の卒業と同時に退職した。

この間、平成９年１月、岩手県学校保健功労者表彰を受け、平成10年２月、第10回若生賞を受賞した。若生賞は昭和56年（１９８１）、岩手医科大学小児科の若生宏教授（のち名誉教授）の退官を記念して設立された県小児保健協会・若生賞基金により、県内において小児保健の発展、推進に寄与した人を表彰する制度。若生教授は、昭和30年当時全国で最も高かった岩手の乳児死亡率の半減、さらには乳児死亡率のゼロをめざして乳児検診など地域保健活動の中心的な指導者として心血を注ぎ、多くの業績を残した功労者として知られる。

同賞は後輩の養護教諭が続いて受賞しており、小児保健を担う養護教諭の役割が評価されるとともに、さらなる期待がかけられている。

第2章　養護教諭の変遷

学校看護婦、養護訓導を経て養護教諭に

養護教諭の制度はどのような変遷をたどってきたのだろうか。日本における養護教諭の歴史について、医学博士で医学史家の杉浦守邦《すぎうらもりくに》（１９２１－２０１５）は、学校看護婦時代、養護訓導時代、養護教諭時代の３期に大別している。それに準拠して養護教諭の歴史をたどってみる。

学校看護婦時代［明治38年（１９０５）～］

我が国で養護教諭に該当する制度が始まったのは、明治時代のことである。当時は眼病のトラホーム（トラコーマ）に罹患する児童が多かった。

トラホームは日清戦争（１８９４－１８９５）が終わった明治28年以降、大陸から内地に引き揚げた帰還兵によってもたらされ、全国的に蔓延したといわれる。当時、国内では赤痢とコレラが大流行し、看護婦の養成が急務だった。県や郡単位では公立や私立の病院に養成を依託し、看護婦の養成に力を入れた。こうして多くの看護婦が生まれ、病院や隔離所などで勤務するようになった。

このなかから、学校内でトラホーム治療にあたる看護婦が現われるようになる。その先鞭《せんべん》をつけたのは岐阜県だった。明治38年（１９０５）９月、同県は県内の小学校にトラホーム治療のため校費で学校看護婦を置いた。その後、明治41年（１９０８）９月岐阜市は専任学校看護婦広瀬ますを任命。これが史上初の専任学校看護婦の始まりとされる。実際にはそれより６年早く新潟県でも学校医の

助手として看護婦を置いた記録があるなど、各地でそのような動きがあったようだ。ただし、いずれも短期間の雇用であり、全国的に広まったものではなかった。

明治45年（１９１２）４月（7月30日、大正に改元）、大阪府堺市は市費で学校看護婦５人を採用し、学校衛生に従事させた。これは学校看護婦制度の先駆けになったという意味で画期的な試みであった。

大正11年４月には、大阪市において市内の全小学校に１校あたり１人を目標に計画的に看護婦を配置する施策を打ちだし、本格的な学校看護婦制度が始まった。

学校看護婦といえば、それまではトラホームに罹った児童の洗眼が中心だったが、これを機に「児童は発育期にある人間」という観点から、それぞれの個性を尊重し、健康全般にわたる管理、指導を担う教育者として期待されるようになった。

昭和４年（１９２９）３月、東京・日赤本社講堂において第１回全国学校看護婦大会が開催された。大会では学校看護婦の設置に関する規定の制定、学校看護婦養成機関の設定、学校看護婦の資格、試験検定制度の発足などを政府に要望した。

その後、学校看護婦（のちに学校養護婦に改称）の法制化を求める運動が展開されたが、厚生省の反対などから実現に至らなかった。

養護訓導時代〔昭和16年（１９４１）〜〕

昭和16年２月、国民学校令が制定され、学校看護婦は養護訓導となり、免許状および検定の制度が設けられた。試験検定に当たっては、各県とも準備講習会を開催し、便宜《べんぎ》を図っている。また、昭和18年7月、国民学校令が一部改正され、養護訓導は必置制となり、各県に養護訓導養成機関が発足した。

養護教諭時代〈昭和22年（1947）～〉

敗戦後、日本は連合国軍最高司令官総司令部（GHQ）の占領下に置かれ、文部省はGHQの命令により教員の試験検定を停止した。しかし、戦後の食糧難に伴う栄養不足により学童の健康問題が深刻化し、養護訓導の増員が緊急の課題となった。

このため、昭和21年3月、「養護訓導試験検定臨時措置ニ関スル件」の通知が出された。その内容は、従来の試験科目からGHQが軍国主義的だとして禁止された修身公民を除いた教育、心理、衛生、育児保健の4科目で試験を実施するというものだった。この措置は10月から実施された一般教員の試験検定にも適用された。

昭和22年3月、学校教育法の制定により、国民学校は小学校、養護訓導は「養護教諭」に改称され、小・中・盲・聾・養護学校に配置されることとなる。同時に国保補助金が公布され、各府県において新免許状取得のための養成講習会が各地で実施された。

昭和24年（1949）5月、教育職員免許法が制定された。

同免許法に規定された免許状は、普通、仮、臨時の3類。普通免許状は1級と2級から成る。校種別では小学校、中学校、高等学校、盲学校、聾《ろう》学校、養護学校、幼稚園の各教諭に分類されたが、養護教諭に限っては1種類とされた。

教員養成にあたっても、養護教諭は従来とは大きく異なる制度が導入された。各学校の教諭の場合、4年制大学卒業ないしは大学に2年（または1年）の在学修了を必要としたのに対し、養護教諭に関しては大学での養成は考慮されなかった。

最も特異だったのは、看護婦の免許状を有することが条件（基礎資格）だったことである。そのうえで、文部大臣が指定した養護教諭養成機関で学び、所定の単位を修得する必要があった。

看護婦の免許状が必要という条件は、養護教諭をめざす人たちにとって大きな壁となって立ちふさがった。また、看護婦資格を前提とする養成機関の性格上、定員も限られ、広く門戸《もんこ》を開くというものではなかった。

養護教諭には、1級普通免許状と2級普通免許状の2種類があった。1級の基礎資格は「甲種看護婦の免許を有し、養護教諭養成機関に1年以上在学すること」ないしは「保健婦の免許を有すること」。2級は「高等学校を卒業し、乙種看護婦の免許を有し、養護教諭養成機関に半年以上在学すること」ないしは「都道府県知事による保健婦の免許を有すること」と規定された。一見して保健婦が優遇されているのがわかる。

実は、このような養成制度が生まれた背景には、ＧＨＱの公衆衛生当局の強い意向があった。というのも、アメリカではナース（看護師）の免許を持ったスクールナースというシステムがあったが、日本式の養護教諭というものはなかった。

養護教諭の所要資格として、「保健婦の免許状さえ所有していれば、直ちに養護教諭の免許状が与えられる」と、保健婦を優遇する項目がつけられたのも、スクールナースというアメリカ式の考えが反映したことによる。

いずれにしても、養護教諭の資格を得るためにはまず看護婦の免許状が必要だった。そのうえで講習を受けるという2段階の養成所制度が設けられることになった。

岩手県における養護教諭の推移

学校看護婦時代〈明治38年（1905）〜〉

杉浦守邦の養護教諭の歴史の分類に則って、岩手の歴史をたどってみた。

岐阜県で始まった学校看護婦の配置は全国に広がり、東北では大正2年（1913）に山形県寒河江小で1人、翌3年に青森県青森市で看護婦5人が採用され、市内小学校に1校1人が配置された。大正6年には秋田市が看護婦2人を置き8校を巡回、翌7年に宮城県角田小学校に看護婦が配置された。

岩手県においては、文部省の「学校看護婦ニ関スル調査」によると、東北では最も遅く、大正13年に1人、翌14年に3人が予算計上されているが、勤務体制や氏名などについてはいまだに不明のままである。

県統計書によると、昭和２年（１９２７）に岩手郡１人、和賀郡３人、西磐井郡１人の計５人の学校看護婦が配置されている。

盛岡市においては、中央から新しい教育を持ちこんだ仁王小学校附属主事（兼岩手師範学校教頭）の千喜良英之助《ちぎらえいのすけ》（１８９６―１９６５）により、昭和２年３月、日赤の看護婦長だった雪浦テツ（旧姓・根守）を衛生室に常駐させている。ただし、着任が３月であったためか、前述の県統計書には入っていない。昭和３年には県内に23人が配置された。

当時の学校看護婦は法的根拠を持たない任意のため、設置や制度などは自治体の判断にゆだねられていた。その後、次第に看護婦資格の所有だけでなく、計画的に養成するところが10府県に及んだ。

本県においては、昭和10年（１９３５）４月から、岩手県女子師範学校の生徒を対象に、学校看護婦養成講習会を実施した。養成期間は２年。女子師範学校で保健衛生や学校看護の課程を終えたのち、日赤病院で相当期間、実習を重ねて看護婦の資格を取得させる制度を設けた。

これは、僻地《へきち》に赴任する教員に対し、児童の健康面の指導を重視した教育実践を期待してのことであり、無医村が多いうえに衛生思想の普及が遅れていた岩手の特殊な事情をかんがみた対応策であったと思われる。この制度による学校看護婦の養成は、昭和11年度から昭和20年（１９４５）度の卒業生まで続いた。期日は定かではないが、当初看護婦であったものが途中から保健婦の資格に変わっている。

たとえば、昭和14年３月卒業の長内よしえ（現姓・触沢）の証明は「看護婦免状」となっているのに対し、昭和20年３月卒業の田村静枝の場合は「保健婦試験合格證書」となっている。どちらも岩手県知事の発行である。

養護訓導時代〈昭和16年(1941)〜〉

昭和16年2月、国民学校令が公布され、学校看護婦は養護訓導と改称されたうえ免許状および検定の制度が設けられた。

岩手県においても講習会を実施し、便宜を図った。また、国民学校令に基づく養護訓導養成機関として、全国各地に養護訓導養成所が開設されるようになった。

昭和17年4月には、青森県弘前市(養成期間2年)と岡山県岡山市(養成期間2年)に養護訓導養成所が設置された。

翌18年には養護訓導は必置制になり、昭和19年5月、文部省告示により盛岡赤十字病院が、全国各地の日赤病院と同様に養護訓導養成部資格の指定を受けた。これは看護婦免状所有者のうち甲種救護看護婦生徒を対象とした1年コースで、昭和18年度以後の卒業者に適用された。

ここの卒業生は養護訓導(のちに養護教諭)として奉職している。

なかでも、平井たか(岩手県教育委員会保健体育課事務局職員)は養護教諭の指導者として、伊藤慶子(岩手大学教育学部附属小学校養護教諭)と山岸ミヨ(同附属中学校)は養護実習校の指導者として、佐々木トシ(盛岡一高)は養護教諭の組織(現・岩手県学校保健会養護教諭部会)づくりにと、それぞれに尽力した。

当時は皆２級免許状だったが、伊藤は養護教諭１級普通免許状を独力で取得している。その経緯を伊藤に尋ねると、次のような逸話を明かしてくれた。

伊藤は、日本赤十字社岩手県支部甲種救護看護婦養成所（のちに盛岡赤十字病院甲種救護看護婦養成所）を卒業後、仙北小学校を経て岩手大学教育学部附属小学校に勤務した。附属小においては、岩手大学生の教生指導や養護教諭の実習生を担当しなければならない。そのためにより専門的な知識や技術が求められた。

「養護教諭１級普通免許状を取得しておいた方がいいと思う」

上司からそのように助言された伊藤は自らも学ぶ必要性を感じ、働きながら免許取得に挑戦することにした。

とはいえ、教育免許法制度により１級免許状を取るには17単位の取得が必要であり、仕事と勉学の両立は並大抵の苦労ではなかった。17単位の内訳は、東北大学での５科目８単位、岩手大学での４科目５単位、県教委での６科目４単位。

東北大学は１単位を取るのに１週間かかるため８単位では８週間もかかる。そのために昭和25年７月10日から９月２日まで仙台に滞在、初の内地留学を体験した。このとき養護教諭養成所の指導者だった平井たかも東北大学で一緒に学んだ。

岩手大学は４科目５単位で約１週間。レポートの提出もあった。県教委は６科目４単位だったが、時間数は多かった。仕事の関係でなかなか時間がとれず、昭和25年の内地留学でスタートした勉学は同30年におよび、やっとのことで全単位を取得。念願の同１級普通免許状を手にした。

伊藤はこの間の記録を詳細に記録しており、それを見せてもらうことができた。働きながら学ぶことの意義を改めて教えられるとともに、生半可な気持ちでは持続できないことを実感させられた。学生指導に責任を持って取り組むために養護教諭としての専門職を追究した先輩の話は示唆に富んでいた。実は私が高等学校教員（看護）の免許状を取得したのは、伊藤の助言を受けてのことである。

現在では他県に行かなくても同免許状取得ができるようになった。これも先人が養護教諭の学ぶ環境をつくってきたからにほかならない。

養護教諭時代〈昭和22年（1947）～〉

昭和22年（1947）3月、学校教育法制定により養護訓導は養護教諭と改称された。

同年、小・中学校に養護教諭を置くことが規定された。学校衛生が教育の一環として考え直され、養護教諭の職務はますますその重要性が認識され、全国的に養護教諭の養成施策が前進する機運となった。

戦後、学校教育の中で保健教育が特に重視されたにもかかわらず、岩手県内における体制は遅々としていた。養護教諭の増員配置が先決と考えた県は、新免許状を取得するため、「短期養成講習会」と「新制度による正規の養成」（岩手県立養護教諭養成所の設立）による2つの施策を打ち出した。

その実務に当たったのが、当時、県教育視学官だった岩崎コヨである。岩崎は昭和22年に文部省が企画した養護教諭養成講習会を活用することにした。

実はこの講習会は文部省にとって窮余の一策と言ってもいいものだった。前述したように戦後、旧制度から新制度の移行期間中、養護訓導は養護教諭と改称されたが、肝心の養護教諭の免許制度そのものが白紙状態だったことから、旧免許状所有者に仮免許状を与えることにしたのである。

文部省は８月、「看護婦免状を有したうえ一定の条件を満たした者は、都道府県主催の養護教諭養成講習会の課程（期間は２か月）を修了した場合、無試験で仮免許状が得られる」旨を告示した。これを受け全国各地で短期の養成講習会が実施された。

講習会の受講資格は、「旧制中等学校あるいは新制高等学校の卒業生、またはこれと同等以上の学力を有する者」と規定されていたが、１回あたりの講習会で定員50人を集めるのは至難の業と思われた。

このため岩崎は、高等小学校卒業後に看護婦養成所を終了している者にも枠を広げて募集した。具体的には病院や市町村、農協などで看護婦または保健婦として勤務している人たち、さらに家庭にいる人たちも対象にした。このなかから希望した人を受講させ、のちに検定を行って、資格を満たす者と認定したのである。

さらに本県独自の方策として、養護教諭の配置を希望する市町村に「養成期間中の経費の一部負担（3千円～4千円）や保健室設置」を条件として受講させ、終了後はその市町村に配置する方策をとった。これにより養護教諭の重要性が広く認識されるようになり、各自治体が学校保健に意欲的に取り組むようになった。結果的に短期講習会は定員をオーバーするほどの盛況ぶりであった。

本県ではその年から昭和24年までの３年間に延べ５回実施し、２７０余人を県下市町村の小中学校に配置することができた。

その半面、市町村により養護教諭に偏りを生じたこと、養護教諭の配置換えができにくいとの問題点も浮上したことから、養成と配置についての改善がはかられることになった。いずれにしても岩手県は短期間に養護教諭の養成を可能にしたことで学校保健の立ち遅れを取りもどすことができた。

短期養成講習会とともに、県は新制度による正規の養成にも取り組み、全国に先駆けて岩手県立養護教諭養成所の実現を成し遂げた。

第3章　岩手県立養護教諭養成所の果たした役割

先人たちの熱意が全国初の快挙に結びついた

岩崎コヨ、山中吾郎、南出英憲の思いが結実

岩手県立養護教諭養成所（以下、原則として養成所）の実現に至るまでには、先人たちの並々ならぬ情熱があった。なかでも特筆される人物は、「はじめに」のところで触れた山中《やまなか》吾郎《ごろう》、南出《みなみで》英憲《ひでのり》、岩崎コヨ（１９０８─１９８４）の３人である。このうち岩崎は同養成所の発案者であり実践者であった。

岩崎は岩手郡川口村（現・岩手町）出身で、岩手県女子師範学校を卒業後、県内や東京で教鞭を執り、昭和22年（１９４７）４月に県視学官（旧教育制度の教育行政官）に起用された。ここでは岩崎の奮闘ぶりと重ねて設立までの誕生秘話を紹介しておく。

同年９月、文部省より「養護教諭養成所創立並びに経常費補助規程」が公布され、都道府県に「５か年計画で全国10か所に養成所を設立したい。希望する県は設置申請するように」との通知があった。日本は終戦後の混乱期にあり、全国の自治体は新制度への対応に追われていたうえ、すべてが初めてのこととあって暗中模索《あんちゅうもさく》の状態にあった。

予算規模が限られた本県も例外ではなかった。厳しい時期ではあったが、岩崎は「岩手のために、ぜひ応募したい」と、県教委教学課長の山中吾郎（１９１０─１９８３）に相談した。

山中は和歌山県出身で、東京高等師範学校（現・筑波大学）卒業後、山形県や三重県、京都などで

教員をしたのち、岩手県庁に入った。

「それはいい考えだ。なんとかして設置したいと思うが、設置に必要な予算が取れそうにないから、日赤に協力を願い、既存の施設をお借りし、また教育の一部も委託して、金のかからぬ方法で実施するしかない」

そのように助言された岩崎は盛岡赤十字病院を訪れた。

同病院は県庁などが林立する目抜き通り（中央通）、現在の岩手銀行本店の場所にあった。かつて同病院は養護訓導時代にも養成を行った実績がある。

病院長は小児科医師の南出英憲だった。

岩崎は南出に趣旨を説明し、協力を要請した。南出については後述するが、岩手の乳児死亡率の低減や母子健康の増進に取り組んでいたこともあり、二つ返事で引き受けた。

「一切の施設並びに備品をお貸ししますし、教育の面もやってあげます」

南出は人数分の教室や机、椅子、実習用器械・器具の貸与など全面的な支援を確約してくれた。実は南出も山中と同じく和歌山県出身で、二人は以前から懇意にしていた。岩崎は山中や南出らと協議しながら県立養護教諭養成所の設置に必要な予算などを煮詰め、文部省へ設置申請書を提出した。

それから１か月ほどして、岩崎は山中課長から呼ばれた。

「岩崎さん、文部省から事務担当者を出頭させるようにとの通知が入ったよ」

山中もその理由については把握《はあく》していなかった。

岩崎は何か申請書類にまちがいがあったのだろうか、いや、そんなはずはない、などと自問自答しながら汽車で上京し、文部省を訪れた。

担当係官はなぜかにやにや笑っていた。

「この予算書は本当ですか？　予算額が少なすぎますよ。一桁違《けた》うんじゃありませんか。まちがっていませんか？」

どうやら担当係官は単純なミスをしたと思いこんでいたらしい。岩崎は申請書に記された総額を指摘されると数字を凝視し、原案と食い違わないことを確認した。

「まちがいありません」

「あまりにも少なすぎますよ」

岩手県が試算した創設費は13万2900円。文部省の担当官は具体的な県名は明かさなかったが、次のように続けた。

「試算額の最高額は700万円。平均でも350万円前後の申請額です。かりにこれらの額が2、3倍の水増し予算見積額だとしても、岩手県の13万円はあまりに少額です」

たしかにほかの県とは一桁少ない。担当官がまちがいだと思うのも無理はない。

岩崎はこれまでの経緯をありのままに述べた。盛岡赤十字病院が看護婦養成所に養護教諭養成所の機能を兼ね備えてくれることなど具体的な例をあげ、全面的な協力を得ていることを力説した。養護教諭養成に取り組む県としての明確な考えも示した。

それまで半信半疑の表情だった担当官は話を聞いて真顔になった。

「赤十字病院の院長さんをはじめ、関係者の方々が、県教委の養護教諭養成施設にこれだけ奉仕的に全面的に協力してくれている例はまことに珍しいし、また、県教委側もこの機会に便乗して国の補助金を多く取ろうとしない正直さも珍しいことです」

担当官は感服したようだった。

岩崎は昭和23年、地方教育行政を司る教育委員会制度が始まったことに伴い、県教育委員会事務局第2部衛生課に配属された。名称は変わったが、引き続き養成所設立に携わることになった。

既述したように、岩崎は旧制度から新制度への移行期間中、本県の保健行政の遅れをとりもどすために、同養成所設立に向けて取り組むなか、文部省が企画した短期の養護教諭講習会を積極的に活用し、二本立てによる養護教諭養成の道筋をつけた。

山中は同年10月に教育部長、11月には37歳という若さで県教育委員会の初代教育長に抜擢《ばってき》され、岩崎とともに養護教諭養成所の実現のために立ち働いた。

このような経緯があり、教育職員免許法が制定された昭和24年、岩手県立養護教諭養成所は、全国に先駆けて1級養成所の指定を受けた。

同養成所は養護教諭養成のモデルケースとして全国的に脚光を浴びることになった。のちに、保健教育行政の第一人者として知られる杉浦守邦（当時、山形大学教授）から、この養成所の設立経緯に関した問い合わせがあり、岩崎と平井たか（岩崎のもとで実務を担当）が説明にあたっている。

なお、山中は教育長在任中、僻地《へきち》教育振興法の制定に取り組んだ。全国に呼びかけて僻地教育振興促進期成会を組織し、自ら事務局長となって運動に専念したことから、「僻地専門教育長」というあだ名までつけられるほどだった（のちに衆議院議員となり、6期連続当選を果たす）。

　南出は熊本医専卒業後、京都帝国大学医学部小児科教室を経て、昭和6年に日本赤十字社岩手支部病院（昭和18年1月に盛岡赤十字病院と改称）に着任した。

　着任以来、岩手の乳児死亡率が全国一であることを憂い、県社会事業協会や愛国婦人団体などに呼びかけ、昭和9年、全国に先駆けて乳児保育所（現・日赤岩手乳児院）を開設した。しかも、これに賛同した石黒英彦《いしぐろひでひこ》県知事が松尾鉱山や釜石製鉄所などに働きかけて資金を調達、日赤本社からの支出なしで実現させている。さらに、クル病（ビタミンD欠乏による乳幼児の骨格異常）検診班をつくって僻地を巡った。昭和15年8月には7代目院長に就任。

　戦後も精力的に僻地医療、乳児死亡率低減、母子健康増進に努め、昭和26年には同病院を退職し、盛岡市内に南出小児科医院を開業した。教育委員を務めていた昭和30年（１９５５）ごろから、県が実施していた学校保健の歯科巡回診療に内科も加えるように提言し、「へき地学校保健管理巡回指導」を実現させた。昭和43年には、東北の小児クル病の発見と治療および乳幼児保健、母子衛生思想の向上に貢献したとして、第21回岩手日報文化賞（社会部門）を受賞している。

　岩崎は昭和25年6月、館下チヨ（１９０２―１９９４）の後任として、紫波郡乙部《しわぐんおとべ》村立手代森《てしろもり》小学校（現・盛岡市立手代森小）校長に就いた。館下は岩崎より早く県視学を経て岩手県初の女性校長となった人物で、盛岡市市勢振興功労者を受賞している。

　岩崎はその後、県厚生部児童婦人課初代課長、県社会教育委員、県保母試験委員などを歴任し、県下の学校保健体制づくり、幼児教育の発展に尽くした。自ら「みそ汁給食」をつくり、学校給食を立ち上げるなど、家庭教育、衛生思想の普及、進展のために精力的に行動した。退職後は、みどりが丘幼稚園を設立して園長を務めるなど岩手の教育、福祉の向上に貢献。敬虔《けいけん》なクリスチャンとしても知られ、多くの人たちから慕われた。

正規養成コースは前期・後期の4年制

第1期生は5人

岩手県立養護教諭養成所は、文部省が奨励した養護教諭講習会を受講して資格を得る短期養成と異なり、教育職員免許法第5条第1項に定められた養護教諭養成機関であり、県教育委員会によって設置された4年制の正規養成コースである。

最大の特長は県の財政的な支出を抑えるため、盛岡赤十字高等看護学院（実際には昭和25年3月に盛岡赤十字看護学院、11月に同高等看護学院と改称）で3年間学んで看護婦の資格を取得したのち、岩手大学学芸学部（現・教育学部）で1年間、教職専門の科目を受講するという前期3年後期1年の二段構えのシステムをとったことにある。養護教諭として採用されたあとは大学4年課程卒業者と同等の待遇を受ける。

前の章では触れなかったが、後期の教職教育の場となる岩手大学学芸学部との交渉は、山中吾郎教育長と、初代学芸学部長の浅見信次良との間で行われた。

岩手大学は学制改革に伴って、昭和24年5月31日、岩手師範学校、岩手青年師範学校、盛岡農林専門学校（前身は盛岡高等農林学校）、盛岡工業専門学校（同・盛岡高等工業学校）を総括して発足した。

このうち岩手師範学校とともに学芸学部の母体となった岩手青年師範学校は、昭和10年に設立された岩手県立学校教員養成所が昭和19年に国に移管されて官立となったもので、岩手大学発足後は岩手大学岩手青年師範学校（旧制）として便宜的に継続し、最後の卒業生を送り出した昭和26年3月に廃止される。

浅見はこの青年師範学校長を兼任していたこともあり、日赤病院と同様、県教委の申し入れを快諾し、全面的な支援を確約した。養成所は同大学芸学部内（盛岡市上田）に置かれた。

全国初の4年制公立養成所として注目された養成所だったが、実は第1期生の募集をしたところ、定員10人（のち約15人）に対し応募がゼロという結果だった。応募者が殺到すると期待していた関係者は肩を落とし、対応に苦慮した。

思ってもいなかった事態に、岩崎は自ら腰をあげて行動に移した。家庭科のある高校で熱心な教員がいるという高校に出向いては養成所の意義を説き、応募してくれるように要請した。交通網の整備が遅れていた当時、内陸部だけでなく久慈や陸前高田など沿岸部にも足を運んだ。これが功を奏し、9人の応募があった。全員を合格させたい思いはあったが、途中で退学されては元も子もない。最終的に第1期生として5人を合格させた。

養成所設立までの認可に関わる事務、募集・選抜などは、県教育委員会学校教育課が行い、発足後の運営・事務はそれぞれの看護学院および岩手大学教務課が担当した。

前期3年間の学生時代は、全寮制の看護学院において看護婦免許状を取得するための専門教育を受けるため、看護婦を希望して入ってきた人たちと机を共にした。

入学試験は看護婦を目指す人たちとは別に行われ、教育委員会が実施した。

前期3年間の入学式・卒業式は看護学院の院長が担当し、第1回生の入学式は盛岡赤十字高等看護学院長の南出英憲によって執り行われた。卒業年度に国家試験を受け、看護婦免許状を取得した。

後期の入学式・卒業式は岩手大学学芸学部において行われ、第1回生の入学式は同養護教諭養成所長黒沢誠（岩手大学教育学部学芸学部長）によって執り行われ、文部省の係官も出席した。

一般教養科目は学芸学部の学生と共に学び、養護に関する専門科目は教育委員会に近い定時制杜陵高等学校（中津川に面した現在のもりおか歴史文化館付近）の教室で学んだ。

看護学院及び岩手大学の総括は、県教育委員会学校教育課・体育衛生課（のちに保健体育課）が行い、教務関係や学生指導は嘱託（後に事務局職員）の平井たかが担当した。

平井は昭和20年、南出英憲が病院長兼学院長として小児科と学校衛生の講義を担当した日本赤十字社岩手県支部甲種救護看護婦養成所（のちに盛岡赤十字病院甲種救護看護婦養成所）を卒業しており、養護訓導の免許状を有していた。このため養成所が設置されることになったとき、県教委保健体育課に招かれた。岩崎コヨが小学校長として転出したあとは、学校教育課・保健体育課の職員および平井が講師の連絡や予算の執行、生徒の指導・教務一切を担当した。

盛岡赤十字高等看護学院・岩手県立盛岡高等看護学院

岩手県立養護教諭養成所の前期3年間は、盛岡赤十字高等看護学院（その後岩手県立盛岡高等看護学院）において、看護婦をめざすほかの生徒と一緒に学ぶことはすでに述べた通りである。本県の養護教諭の歩みを知る一助として、盛岡赤十字病院と同高等看護学院の沿革を記しておく。

同病院は大正9年（1920）4月、日本赤十字社岩手支部病院として盛岡市に創立された。場所は現在、岩手銀行本店（中央通一丁目）、岩手医大歯学部がある一帯。

創設された当時、金田一京助や石川啄木、宮沢賢治などそうそうたる人物が学んだ旧制盛岡中学（現・県立盛岡第一高等学校）の敷地跡とあって、現存していた校舎の一部を病院内の階段教室などに利用していた。

戦時中の昭和18年（1943）1月、同支部病院は盛岡赤十字病院と改称された。

同病院は官庁街の目抜き通りに建っていたが、木造のために老朽化が進み、昭和38年に5階建ての新病棟が完成。その後、土地の一部を岩手銀行に売却し、昭和42年には外来および管理棟が完成した。

医療費高度成長期とも呼ばれる昭和40年代後半には、全国日赤病院の黒字病院として「東の盛岡」と称されるほど地域医療の中心的な役割を担った。昭和58年に岩手銀行本店が新築移転。病院は医療の発展に伴い狭隘化《きょうあいか》が進んだうえ、駐車場スペースを確保する必要に迫られるなどさまざまな要因が重なり、昭和62年12月、紫波郡都南村大字三本柳（現・盛岡市）に移転、新病院が開設された。

同高等看護学院の前身は、明治時代にまでさかのぼる。明治29年（１８９６）６月15日、明治三陸大津波（明治三陸地震）が発生し、本県は甚大《じんだい》な被害をこうむった。全体の死者、行方不明者は約２万２０００人、そのうち約１万８０００人は岩手における犠牲者で占められた。

日本赤十字社（明治20年に博愛社から改称）は、救護看護婦の必要に迫られ、翌30年、三田俊次郎が私立岩手病院（現・岩手医科大学附属病院）を開院すると、同病院と協約し、委託養成を開始した。その後、委託先が何度か変更するなど紆余曲折《うよきょくせつ》を経て大正９年、同支部病院開設に伴い日本赤十字社岩手支部看護婦養成所での養成が始まった。

戦時中は即戦力となる看護婦を多く必要とした。日中戦争中の昭和14年（１９３９）11月には、臨時救護看護婦生徒の養成に着手し、終戦を迎える昭和20年までに２９４人の卒業生を送り出した。昭和16年４月には岩手・福島支部所管として乙種救護看護婦生徒の養成に着手。昭和22年３月までに１６５人が卒業した。この間、昭和19年5月には養護訓導養成部資格の指定を受け、昭和24年４月、県教育委員会より養護教諭養成の委託を受け、昭和33年（１９５８）まで継続。74人の卒業生を送りだした。

昭和23年、保健婦助産婦看護婦法に基づく看護婦養成に切り替え、昭和25年3月、厚生省から甲種看護婦養成所の指定を受け、盛岡赤十字看護学院と改称した。同年11月には、盛岡赤十字高等看護学院と改称された。

その後、昭和51年（１９７６）４月、看護専門課程の設置認可を受け、盛岡赤十字看護専門学校と改称、昭和62年12月、紫波郡都南村大字三本柳（現・盛岡市）に校舎兼寄宿舎が新築され、移転した。
同専門学校は明治から平成まで本県を代表する看護婦養成機関として多くの看護婦を世に送りだした。

参考までに、平成29年4月現在、県内の看護職員養成施設は次のとおり（入学定員を示す）。

・看護養成大学・大学院・短期大学

岩手県立大学　看護学部看護学科（90人）〈看護師・保健師・助産師・養護教諭〉／岩手県立大学　看護学研究科博士前期課程（15人）／岩手県立大学　看護学研究科博士後期課程（5人）

岩手医科大学　看護学部看護学科（90人）〈看護師・保健師・助産師〉

岩手保健医療大学　看護学部看護学科（80人）〈看護師・保健師〉

岩手看護短期大学　看護学科〈看護師〉（※平成29年度生募集停止）／岩手看護短期大学　専攻科地域看護学専攻（20人）〈保健師〉／岩手看護短期大学　専攻科助産学専攻（15人）〈助産師〉

・看護師養成所（3年課程）

岩手県立一関高等看護学院（35人）／同宮古高等看護学院（32人）／同二戸高等看護学院（35人）／岩手看護専門学校本科（40人）／盛岡看護医療大学校（40人）／花巻高等看護専門学校（40人）／水沢学苑看護専門学校（40人）

・看護師養成所（2年課程）

岩手看護専門学校　別科（40人）／盛岡市医師会附属盛岡高等看護学院（30人）／一関市医師会

附属一関専門学校（30人）
・高等学校
岩手女子高等学校看護科（５年一貫教育・60人）
・准看護師養成所
岩手看護高等専修学校（30人）／盛岡市医師会附属盛岡准看護学院（50人）／一関市医師会附属一関准看護高等専修学校（30人）

昨今、看護職の教育が高度化し、全国的に大学における看護職養成施設が増加傾向にある。質の高い医療の提供を目的とした専門看護師、認定看護師、認定看護管理者も誕生している。岩手県においては平成29年４月から看護養成大学が３校になったことにより、看護の資質向上が図られ今後の看護界に対する県民の期待はますます高くなっている。

看護学院のカリキュラム

養成所の学生は3年間、日赤の救護服をつけ看護学生とまったく同じ教育を受けた。ただし、入学後６か月間は予科教育期間であり、この間に看護婦に不適と判断された者は途中退学しなくてはならなかった。なかには、自分には向いていないとして自主的に辞める期間でもあった。

カリキュラムは医療制度の改正などによって変遷しているために今日とは異なるが、昭和45年

（1970）当時盛岡赤十字高等看護学院の例をあげると次のようになる。
・基礎科目　物理学、化学、生物学、統計学、社会学、心理学、教育学、哲学、外国語、文学、美学（音楽）、体育
・専門科目　医学概論、解剖学、生理学、生化学（栄養学を含む）、薬理学（薬剤学を含む）、病理学、微生物学、公衆衛生学、社会福祉、衛生法規、看護学
・赤十字教育科目　赤十字概論、赤十字原理、災害看護、救急法、赤十字家庭看護、演習

基礎科目のうち外国語は180時間、体育は60時間で、他の科目は30時間。

専門科目のうち大半の時間は看護学（看護学総論・成人看護学・小児看護学・母性看護学）であり、3120時間のうちの2760時間（うち成人看護学は1665時間）とほぼ9割を占める。赤十字教育科目120時間を含めた全体では3780時間にのぼる。

卒業生のアンケートには、

「英語に困った。英語の先生のお宅でのレッスンで乗り切った」

「医学に失敗は許されないと指導され、それが常に頭にあり役立った」

「強烈な印象は、解剖学の実習で実際の死体に接したこと」

「医師に対する婦長たちの接し方を見ていたので、校医との関係に役立ち、失敗せずにすんだ」

などの回答が寄せられた。

全寮制

盛岡赤十字高等看護学院は全寮制だった。養成所の学生も看護学生と区別なく同じ共同生活だった。庭を挟んだ別の建物には先輩の看護婦が住んでおり、食堂は共通だったので顔を合わせることがあり私生活においても学ぶことが多かった。昭和43年（１９６８）1月には、４階建ての校舎兼寄宿舎が中央通1丁目に新築移転したが、養成所学生の全員は昔ながらの古い木造２階建ての寮生活を体験している。

夏は蒸し暑く、冬は隙間風が入ってひどく寒いという住宅環境に加え、大部屋に6~9人も同居していた。

夜勤もこなさなくてはならなかった。１人で夜勤をしていたとき、亡くなった乳児を置いて「明朝来ますからよろしく」と言い残して去っていった母親の後ろ姿を見送ったとき、とてつもない不安に襲われたことがあった。

同時に命の尊厳について深く考えさせられた。もしも自分が母親だったら、亡くなった自分の子を残して帰ったりするだろうか……。そのようなせつない感情になって悶々とし、朝を迎えた。

さらに、夜勤明けに授業に出席するのは心身ともに辛いことだった。なかには消灯後も廊下の暗い電灯の下や押入れの中で懐中電灯の灯りで勉強している人もいた。

卒業生のアンケートには、

「公私共に厳しく鍛えられた」

「日赤の人道主義による人間教育そのもの、人間の生命にかかわる専門職として厳しく教育された」「入学当初から学んだこと、『命を大切に守る』仕事に、という気構えで緊張した生活を送った」「寮の規律ある集団生活では、学習・生活両面で、より自己理解、他者理解に通じ、良い体験ができた」などの回答があった。このような3年間の猛勉強によって、看護学生と一緒に看護婦になるための知識や技術を身につけた。

ただし、盛岡赤十字高等看護学院で学んだのは第1回生から、私を含む第7回生までである。第8回生から最後の第10回生までは、岩手県立盛岡高等看護学院で学んだ。

この変更は、県の財政的な事情、県立盛岡高等看護学院が昭和28年に開設され第1回卒業生が養護教諭養成の4年生として岩手大学の後期につながることができたことによるものと思われる。

当然ながら、看護婦になるためには看護婦国家試験を受けて合格し、看護婦免許を取得しなければならない。試験を受けるには所定の科目を修業しなくてはならないが、卒業までに修業見込みであれば受験資格がある。

看護婦国家試験は昭和25年から実施された。当初は春と秋の2回、2日間の日程で行われた。今日では卒業学年の11月から12月に受験手続き（願書提出）を行い、卒業前の2月に1日の日程で試験を受ける。合否は3月に発表されている。

なお、平成14年（2002）3月から看護婦は男女とも看護師と呼ばれるようになったことから、それ以降は看護師国家試験と呼ばれている。

岩手大学での修業

看護婦免許を取得後、今度は岩手大学で１年間学ぶ。

同大学での修業は前期（４月１日から９月30日まで）と後期（10月１日から翌年３月31日まで）に分けられ、体育実技１単位を含む36単位を取得する必要があった。

前期においては、教科課程のうち「一般教育に関するもの」（人文科学３単位・自然科学４単位・社会科学３単位の計10単位）と「教職に関するもの」（教育心理４単位・教育原理２単位・養護実習４単位の計10単位）、体育実技１単位を岩手大学の学生と一緒に学んだ。

後期においては、「養護に関する専門教科」（衛生学４単位・食品学１単位・栄養学２単位・予防医学２単位・学校保健、養護教諭の職務６単位の計15単位）が、講師や施設（栄養学実験室・体育館）などの関係から同大教育学部や農学部および県立杜陵高等学校（定時制）で行われた。

このうち養護実習は計８週間。最初は岩手大学附属小・中学校において、学芸学部学生の教育実習と同じ期間中に４週間（小学校３週間・中学校１週間）の基本実習を行ったのち、母校ないしは県内学校保健優良校のなかから選ばれた小・中学校での地方実習が４週間行われた。

卒業生の多くは、看護学院での３年間にわたる厳しい試練に耐えてきただけに、「岩手大学での修学は考えて行動するゆとりの時間をもつことができた」といった回想をしている。

昭和28年３月（27年度）の卒業生は、「第１回生が誕生するということで県教委で『金の卵』と言われた」と語っている。

なお、卒業生のなかには、養成所の開設を昭和27年とする人がいる。これは、入所資格に「高等学校を卒業し保健婦、助産婦、看護婦法第7条の規定による看護婦の免許状を受けているもの」と明記されているため、看護婦資格を取得するまでの3年間を計算に入れず、養成所の所在地である岩手大学で第1期生の入学式が行われた昭和27年4月に開設されたと思いこんでいるためである。入学時の所長は黒沢誠学芸学部長だった。

入学式、卒業式について、次のような回顧談（回答）が寄せられた（アンケート原文の表記を一部変えた。以下同じ）。

「山中教育長の祝辞で、『岩手の僻地の子どもたちの健康を守って欲しい……』と言われたことが忘れられない」

「山中教育長の祝辞に、新たな希望と使命の重大さを感じた」

「第1回生の5人が大学で学んでいたころ、『文部省から湯浅謹而《ゆあさきんじ》先生（文部省の教科調査官などを歴任、戦後日本の学校保健、健康教育の推進に貢献した第一人者）が来県されたので、県教育委員会にくるように』との呼び出しがあり、山中教育長、岩崎コヨ学校教育課主事同席のもと、湯浅先生から『岩手県が全国で最初の4年制養護教諭養成所を創設したので、養護教諭として立派に育ってくれるように』と激励された」

第1期生5人は昭和28年（1953）3月、晴れて養成所を巣立った。

主な教職員

・盛岡赤十字高等看護学院長　南出英憲〔盛岡赤十字病院長兼務〕（〜昭和26年２月）、小澤栄作（昭和26年２月〜33年）
・岩手県立盛岡高等看護学院長　敷波義雄〔盛岡病院院長兼務〕（昭和31年〜33年）、若林衛夫〔盛岡病院院長事務取扱兼務〕（昭和34年）、桂重鴻〔中央病院長兼務〕（昭和35年）
・盛岡赤十字高等看護学院教務主任　阿部ノブ（昭和24年〜33年）
・岩手県立盛岡高等看護学院教務主任　下平キヨ（昭和31年〜35年）
・岩手県立養護教諭養成所長（岩手大学教育学部学芸学部長）黒沢誠（昭和27年）、浅見信次良（昭和28年〜33年）、森嘉兵衛（昭和34年６月〜37年３月）
・岩手県教育委員会学校教育課・保健体育課、保健体育課長　大友佐武郎、学校教育課　幾田三郎、保健体育課　藤村正三、平井たか（昭和23年〜38年）

草創期を担った卒業生たちの悪戦苦闘

平成13年（２００１）７月、岩手県立養護教諭養成所第1回生から第10回生までの卒業生を対象に、郵送による自記式質問紙調査を実施し、まとめた。卒業生の職務内容（主な活動の内容）を抜粋し、次に示す。

※引用文献　遠藤巴子，天野洋子，小山ゆかり，田村晃「研究報告　岩手県立養護教諭養成所の存

在と卒業生の実践活動が残したもの―卒業生の質問紙調査から―」38～49頁，岩手看護学会誌第2巻第2号，２００９年3月

昭和28年～昭和40年代の職務内容

健康管理

治療的なことでは、トラホーム（トラコーマ）の治療、検便、駆虫剤の投与、シラミ駆除など治療と衛生指導が圧倒的に多かった。

特にトラホームに罹患した児童生徒が多く、その治療が急務だったとはいえ、僻地では眼科の医師がいないところが大半だったことから、休業日（日曜日など）に都市部にいる専門医がわざわざ遠隔地の学校にきて検診。ベッドがないため、児童用の机を並べて即製ベッドを作り、トラホームの集団手術を実施した。その後、1日2回の洗眼及びテラマイシン軟膏塗布を毎日、欠かさずに行い、それに伴う器具の煮沸消毒に苦労したとあった。

また、検便の費用が捻出できないことから、顕微鏡で養護教諭が検便、学校で海人草を煎じて駆虫剤の投与をしていた。

シラミの猛発生に対しては、衣服や頭髪にＤＤＴの散布駆除をした。それに伴う衛生の保健・指導を行った。

栄養問題

戦後の食糧難による栄養不足などを含む栄養問題は深刻だった。養護教諭がかかわったのは、脱脂《だっし》粉乳《ふんにゅう》給食および給食づくりとその後始末、給食の献立作成・カロリー計算・会計・経理・材料の発注・購入、弁当なしの児童への雑炊づくりなどだった。

今日では考えられないが、栄養士はもとより調理人も配置されていなかったことから、養護教諭がその役割を担った。なお、脱脂粉乳は牛乳から乳脂肪分を取り除いて乾燥させた粉末状のもので、お湯に溶かして飲んだ。終戦直後、アメリカの民間団体やユニセフから援助物資として送られたもので、昭和30年代から牛乳に代わったために給食には使用されなくなった。

健康診断

健康・保健関係のことは養護教諭が一人でやる仕事と思われており、突き放されることからの出発だった。児童生徒の健康を守るという意識をもって孤独との闘いだった。

それまでなかった年間保健計画の立案、健康診断を学校行事に組み入れ、全校的な実施・運営を図る。健康診断事後措置の充実、資料の作成・統計処理、職員会議への報告・周知を図ることなどから始めた。

救急処置

車も電話もなく体調の悪い児童をおんぶして送ったこと、学校に救急処置を求めてきた住民の対応、無医村のため夜も呼び出されて救急処置や看病をしたこと、なかには分娩介助をしたケースもあった。当時はマーキロ（正式名はマーキュロクロム・俗称は赤チン）の処置が主流だったので「赤チン先生」と言われたことも。マーキロを塗ると傷口がしばらく赤く染まっていたことによる。製造工程で水銀が発生するという理由から1973年頃に製造が中止され、常備薬としては使われなくなったが、海外で製造した原薬を輸入し現在も販売されている。ただし、学校においては使われていない。

結核感染児童の指導

当時の健康上の問題として結核感染児童の指導があった。定期検診・家庭訪問・個別指導・予防接種の介助など保健婦と連携して行った。ほかに体位の向上、実態調査、歯科保健、疾病予防があった。当時は開拓保健婦が配属されていた。

歯科検診

県の巡回歯科検診車が来てくれた学校は恵まれていたが検診車がこない学校においては長い間検診を受けられなかった。

保健指導

具体的には、風呂の新築（教員による手作りもあった）・改造、入浴指導、全校生に対する定期的な清潔検査（洗顔・手洗い・歯磨きなど）、散髪指導。また、兼務校や養護教諭不在校の巡回指導・シラミ駆除（DDT散布）・回虫卵駆除対策（海人草投与）。さらに、清潔・衛生・肝油ドロップの配布、栄養に関する啓蒙（啓発）活動、保健講話にも力を入れた。ときには夜、全職員が部落（地区）の懇談会に出席し、生活指導・保健指導を行った。健康相談活動の一環として、愛情不足や貧困家庭の児童のケアにあたった例もあった。

環境管理

主に環境整備、清掃指導。また、簡易水道の管理、井戸飲料水の塩素消毒・水質検査（保健所へ提出）を実施し、安全管理に努めた。

保健組織活動

学校保健委員会の立ち上げ（設立・運営・活動）および児童保健委員会の設置及び活動。学校保健委員会はゼロからの出発だったため、準備や教職員の理解を得るまでには時間を要した。

その他

養護教諭不足に伴う兼務の問題（多いところでは本・分校６校を兼務していたケースもあった）。専門医を含む校医の要求、医療機関との連携。専門外の事では病休の先生のクラスを担任、補欠授業、学校給食の一切、給与（俸給）・共済互助会などの事務的なことなど。

この時代の養護教諭の活動は、トラホームや寄生虫卵の対応など治療的活動が中心となっており、健康診断実施や保健管理実施上の校内体制づくりに神経を費やしていた。保健指導は衛生指導が主である。また、専門職としての仕事ができない悩みが大きくのしかかっている。昭和33年に「学校保健法」が制定されたことを機に、「法律にこう書かれていますから……」と提案。助けられたことを思い出す。

以下、この時代の自由記述の内容をいくつかあげておく。

「着任したとき、校長に養護教諭はどんな仕事をするのですか？　と言われた」

「一般教員の養護教諭に対する認識が希薄であった」

「一般教員の次というイメージ」

「文書はすべてガリ版刷りで指にタコができた」

「大学卒の先生がきたと歓迎され、自信をもった」

「養護教諭の職務とは？　と考え悩むことが多かった」

「養護教諭の組織はなく、交通・情報網も少ないうえ、限られた範囲での交流だったので校内にどのように位置づけをしていけばいいのか、焦りと孤立感に悩まされ、悪戦苦闘の日々であったが、児童生徒の健康維持のため頑張った。今では懐かしい思い出である」

昭和50年~昭和63年の職務内容

健康管理

この年代も健康管理が多かった。内訳は、う歯（以下、虫歯で表記）予防・歯磨き指導などの歯科保健が最も多かった。肥満傾向児対策・近視予防（遠方凝視訓練など）・学校伝染病対策の疾病予防、心臓検診の要望や事後措置の充実などがみられるようになった。治療的な仕事内容は無くなっていた。この年代は歯科保健や近視の問題、肥満傾向児の増加、心臓検診など養護教諭の執務の内容にも新たな役割が加わり多忙を極めるようになった。

保健指導

保健室利用者増加（なんとなく、付き添い、心の居場所として）、保健指導資料の作成及び保健指導、保健統計、保健便りの発行、肥満児の指導、性に関する指導など健康教育に視点をおいた指導がみられる。健康相談活動では、学校の荒廃による保健室閉鎖、保健室整備、不登校児・保健室登校児・いじめへの対応など新たな問題が浮き彫りになった。

環境管理

清掃点検管理、プールの管理・消毒、照明の管理など。

保健組織活動

校内保健委員会の設置・運営、児童保健委員会活動など。時代を経ても校内保健委員会が出来ていない学校もあり学校保健の難しさが伺える。

その他

養護教諭の相談技術の研修、新採用教員研修会の講師、県政懇談会での歯科保健の提言。

この時代は、肥満児の指導、性に関する指導、保健室登校児・不登校児の指導などこれまでなかった問題が顕在化、学校の荒廃が保健室にも及び、保健室にカギをかけて閉鎖せざるを得ない学校もあるなど辛い時代でもあった。「身体的症状を訴えて来室する児童生徒に、心の問題がある例が多くなってきたように思う」との回答があった。

養護教諭活動に研修会の講師や、後輩の指導、社会的活動が加わり、校外において指導的役割を果たすようになっていた。

平成元年～平成11年の職務内容

健康管理

肥満対策を含む疾病予防、歯磨き指導などの歯科保健、町内養護教諭の組織活動による保健調査など。経年的《けいねんてき》にみて自校のみならず、町内・管内における調査に活動が広がっている。

保健指導

主な内容は、いじめ、暴力、シンナー、喫煙、飲酒、拒食症、過食症などの保健指導資料の提供および保健指導、保健便りの発行、保健室経営、パソコン、保健指導の時間設定および性に関する指導など。これらだけで保健指導のほぼ半分を占めており、今日に至る問題が際立つようになった。健康相談活動が目立つようになり、保健室登校児の指導、心の健康相談、カウンセリング、教職員の心身の相談などがあった。

環境管理

環境整備、清掃指導、プール管理。

保健組織活動

学校保健委員会の設立・運営、児童保健委員会の指導、地区懇談会。

その他

新採用教員研修会講師、自己研修。大規模校では事務的な事が多すぎるため、時間の確保に苦慮したという事例もあった。

平成になって、健康管理は地域との連携活動に広がっている。保健指導の内容もいじめ、暴力、シンナー、飲酒、喫煙、拒食症、過食症と社会を反映したものになり、健康相談活動が目立つようになった。

「来室児童の中にはアトピーやアレルギー疾患が目立ち、その指導が多くなった」

「30年間の教員生活で保健室経営ほど様変わりしたものはない」

といった回答は、まさに時代の推移を物語る証言であろう。保健室経営という言葉も浮上、パソコンの導入も本格化するなど養護教諭の実践活動は複雑化、高度化している。

学校現場での実践

岩手県立養護教諭養成所の卒業生を対象に行ったアンケート調査によると、養護教諭の職務の実態は、職務の大半は健康管理いわゆる健康診断の実施であった。

当時は、学校における保健管理面についての法的不備、予算上の不備、児童・生徒らの疾病異常の状態や健康についての理解と処理能力の不足など問題点が山積していた。

これらの状況に対する文部大臣の諮問《しもん》機関である保健体育審議会の答申、各種関係団体からの学校保健に関する法制化の措置の要望が出された結果、昭和33年（1958）4月、学校保健法が制定された。

法律が制定されたことにより、学校保健を学校現場で実施するにあたり、新任の私は先生方に法的根拠を背に提案しやすくなったことを記憶している。

養護教諭が新しく学校に勤めるようになったものの、当時の校長先生はじめ教職員も養護教諭が何をする先生なのかほとんど知らなかった。「病人やケガ人に対する処置をする先生」と思っている人が大半だった。健康・保健関係のことを1人で担当する先生というイメージが大きかった。

養護教諭が最初に取り組んだことは、健康診断を学校行事に組み入れ、学校全体で実施できるように教職員の協力を得ることであった。法律ができたとはいえ、なかなか定着することができず、草創期を担った養護教諭たちの孤軍奮闘していた姿が調査から浮かびあがる。

以上、領域別に養護教諭の活動を見てきたが、健康管理・保健指導といっても年代によりその内容に変化が見られる。その背景として児童生徒の健康問題が複雑化し、昔と今とでは大きく様変わりしていることがあげられる。アンケートからは時代の変遷と共に児童生徒の心身の健康実態との関係性が浮き彫りになり、養護教諭が歩んできた「養護実践」の足跡を知ることができる。

職務内容の実態と職務の明確化

卒業生が学校に赴任した当初は、養護教諭の職務は明確にされておらず、管理職も養護教諭もどのように業務を遂行すればいいのかわからず、手探りのスタートであった。

昭和28年以降の自由記述の内容（一部表記を変えた）をみると、

「病欠の先生の学級担任や補欠授業をする事になり、授業が優先されていた」

「給食関係の業務や給与事務など、職務外のことを行いながら養護教諭としての職務ができない、理解されない実情に悶々と悩んでいた」

「本務以外の仕事に困難を感じていた」

「改善したとする項目に不本意ではあったが授業や補欠授業を努め、養護教諭の職務を全職員に理解してもらうように働きかけ、本来の職務ができるようになった」

などがある。

当初は、養護教諭を初めて迎える学校がほとんどだったため、多くの養護教諭は保健室を確保することが最初の仕事となり、その充実に努めた。養護教諭の机を職員室内に設置するための要求も行わなくてはならなかった。

着任早々から分校回りをしているうちに、本校に自分の居場所のない寂しさを感じながら勤務する人たちも少なくなかった。学校現場では、養護教諭より教科教員や事務職員を要望する声があり、複雑な立場に置かれていた。

なかには「健康診断が終了すれば、する事がないのではないか」と思われ、便利的に使われる傾向があり、「保健の『ホ』の字、衛生の『エ』の字と付けば、すべてが養護教諭の仕事」となり、個人の負担が大きかった。

それでも昭和40年代になると、学校保健法の規定内容が教職員に周知徹底され、理解されるようになった。これにより校内の協力体制が整い、保健計画が学校行事に組まれるなど事業の推進が容易になり、成果もあがった。

昭和50年以降には、担任や補欠授業などは皆無となり、給食関係（献立作製・食材の授受・牛乳給食など）に従事する業務もなくなっている。教員の充足もあったためと思われるが、養護教諭それぞれが学校環境を見据え、教職員間の理解と協力を得ながら職務の確立に努力してきた成果が実を結んだと言っても過言ではないだろう。

学校保健委員会も次第に機能するようになった。はじめのうちは保健主事にお膳立てをしてやらなければ動いてもらえないことがあり、苦労したケースも多かったが、徐々に相互理解が進むことによって一致団結して町内の学校保健会の設立・運営に取り組み、学校内外の保健体制づくりに励むようになった（昭和40年代から50年代）。

一方、養護教諭は積極的に保健問題を職員会議（職員会議に入れない学校もあった）の議題にあげ、校内研究会に発表の場を求めるなど、地位確立のため各人がそれぞれの学校において制度を改善し、機会あるごとに専門職としての立場を築いていった。

学校保健体制が整い始めたころ、全国的にも校内の荒廃が目立ち始め、保健室閉鎖や保健室登校など、新たな難問に直面するようになった。

平成になってからは保健指導が多くなり、保健指導資料の提供、保健指導、保健便りの発行、指導時間の設定や要望などが増えるようになった。

保健室登校児の指導、心の健康相談など健康相談活動も多くなり、児童生徒の心に寄り添ったケアが求められるようになった。

また、性教育にＴＴ（Team Teaching＝チーム・ティーチング）を導入し、全校朝会で健康教育（５分程度）を実施するなど、教育面にも工夫がみられた。

ＴＴについては当初、教師がチームを組んで指導したり、あるいは児童生徒もチームを組み教師と子どもたちと協力して取り組むかたちで始まった。このほか、生活実態調査や研究発表など学究的な立場から、それぞれのテーマについて深く追究する養護教諭も増えている。

学生時代は「養護教諭は教壇に立ってはいけない」（今考えると担任や教科の授業をしてはいけない。本務である養護教諭の仕事をするようにとのことだったかと思われるが）と教育されたが、学校現場で職務の経験を積むにつれ、保健室で個別に保健指導をすることに限界を感じるようになった。

このため直接、児童生徒に集団の保健指導・健康教育を実施する機会を要望したりその時間を確保するなど、予防医学的教育の必要性が高まった。平成10年、「教育職員免許法附則第18項」において養護教諭の保健の教科の担当が可能になり、この問題は発展的に解消された。

「30年間の教員生活で保健室経営ほど様変わりしたものはない」

そのような声が多かったのは、教育現場の推移に伴って養護教諭の職務がいかに変化してきたかということの証しであろう。

回答のなかには、「昨今、児童生徒の心の問題やメンタルヘルスが注目されてきており、今後、カウンセリングと保健医療を重視した教育課程を充実させ、援助内容を検討していく必要がある」との意見があった。

昭和30年後半～40年代は治療医学が優先的で、カウンセリングで児童生徒が変わるはずがないという風潮が一般的であり、「カウンセリングは日本人には向かない」「そんなものはだめだ」と主張する専門家もいた。岩手においてもそのような風評があり、私なども周囲に目立たないようにして学んでいた。

昭和50年代、私は東京の日本カウンセリングセンターを訪れ、理事長の友田不二男《ともだふじお》（1917―2005）に学んだ。友田はアメリカの臨床心理学者であるカール・ロジャーズ（1902―1987）に触発されてロジャーズの著作を多数、翻訳刊行しているが、本人はロジャーズと決別し、東洋思想と関連した独自のカウンセリングの研究、実践、普及に努めた。

その後、ロジャーズ系統の岩手大学大沢博教授（現在は名誉教授）にグループカウンセリングを学んだ。大沢は非行少年や登校拒否児のカウンセリングに長く従事し、栄養カウンセリングの重要性を訴えてきた。今日、心理栄養学のパイオニアとして知られ、栄養心理学に関した著書を多く刊行しているほか石川啄木の研究者としても知られる。

平成になってからは、筑波大学の宗像恒次《むなかたつねつぐ》（現在は名誉教授・ヘルスカウンセリング学会会長などの要職を歴任）のヘルスカウンセリングに傾倒し、何度か上京して学んだ。

時代は移り、県内においても学ぶ機会に恵まれている。昨今の養護教諭は仲間同士で研鑽し、学校心理士、上級教育カウンセラー・ガイダンスカウンセラーなどの資格を取得し、資質の向上に励んでいる。また、退職後もその資格を生かし学校・社会に貢献しており、専門性を生かした活躍は後輩の手本になっている。

卒業生の研究から分かったこと

・社会情勢の変化により児童生徒の健康問題も多様化しており、それに伴って養護教諭の職務内容も変化していた（非専門的業務から専門的業務へ）。

・養護教諭は実践活動を通して、課題解決のための努力・改善・主張をするなど、様々な苦労・困難を乗り越え、職務遂行の自信となって養護実践を行っていることが明らかになった。

・養護活動は、身体的なケアの指導から心のケアの指導へと変化が見られた。

岩手県立養護教諭養成所終了後の教育機関

全国初のモデルケースになった岩手県立養護教諭養成所だったが、赤字財政などを理由に、昭和33年度入学の第10回生が卒業した昭和37年３月をもって、10年間の歴史に終止符を打った。この間、

109人が入学し103人が養護教諭として巣立った。

同養成所の廃止後は、岩手県立盛岡保健婦専門学院（昭和36年～44年）、岩手県立衛生学院（昭和45年～平成11年）へと、その役割がバトンタッチされる。

この背景には、昭和27年（1952）4月、サンフランシスコ講和条約（日本との平和条約）が公布され、日本国民の主権が承認され、翌28年7月には、それまでのGHQによる占領政策を是正するために、教育職員免許法が大幅に改正されたことがある。

同免許法の改正により、看護婦免許を必要としない養護教諭養成コースが設けられ、4年制大学で学士の称号を有し、所定の単位を修得した場合には1級普通免許状（短大コースは2級普通免許状）が与えられることになった。

さらに、看護婦の免許を受けた人は養護教諭養成機関に1年以上在学する必要があったが、保健婦の免許があれば同機関に半年以上在学しただけで1級普通免許状が得られることになった。そのため本県においては資質の充実した人材を排出するため保健婦専門学院のそれまで8カ月の就学期間を1年に延長して養護教諭1級普通免許状を取得させる方策をとり養成の継続を図った。

当初、県内の養護教諭充足率は一桁台であったが、昭和24年には小学校34・5％、中学校19・7％に増加し、質の充実が期待された。

養成所の第1回生が就職した昭和28年度から第10回生が配置された昭和37年度までは、緩やかではあるが年々その充足率が上昇している。

養護教諭は本校に配置され兼務発令が多かった。昭和28年度には本校・分校総数の30％が徐々に減少し、37年度は25％、47年度は16％であった。昭和37年度からは高校に配置されている。

養成所は昭和37年3月に終息したが、昭和36年度から1年課程となった岩手県立保健婦専門学院、昭和45年度より岩手県立衛生学院保健婦養護教諭科（のちに保健学科）の卒業生により充足率が伸びている。

平成23年2月、岩手県立大学名誉教授の兼松百合子と元岩手県医薬課看護係長の伊藤芳子に会い、衛生学院開校の企画運営に携わった経緯について聞いた。

伊藤芳子は事前にメモを用意し、次のように説明した。

「私が保健婦養成の1年コースをあえて強行したのは、県立盛岡高等看護学院新卒者（第1回生）が衛生学院（保健婦養護教諭科）へ入学することを期待したこと、保健婦教育の充実、そして公衆衛生における学校と地域の連携ができる人材を得たいと考えたからです。教育界における養護教諭の地位を確立したいと願っていました」

さらに二人は、

「卒業生が職員会議に入れてもらえないと聞いていたので、あえて『保健婦養護教諭科』の名称をつけて4年教育とし、4年制大学出身の先生とレベルを同じくして、地位を確立したかった」

「乳幼児の育つ背景を理解し、プロとして育ってほしいと願った」

などと当時の思いを語った。それを聞いて岩手の地域に根差した保健師・養護教諭の将来を見通しての立ち上げだったことを実感した。

なお、昭和45年に開校した岩手県立衛生学院は平成12年度で発展的に解消され、平成10年度から岩手県立大学看護学部において選択により養護教諭1種免許状を、平成14年度からは高等学校教諭1種免許状（保健）を取得できるようになった。また、同年研究科開設に伴い養護教諭専修免許状の取得が可能となった。

総括　実践活動が物語るもの

設立の意義

高等教育機関が少なく、財政的にも厳しい状況下にあった岩手県が、なぜ他県に先駆けて4年制の養護教諭養成所を設立する事ができたのか。

本県は医療機関に恵まれず、乳児死亡率が高いうえに、学童の不衛生な生活や栄養不足による健康問題が深刻化していた。特に僻地校を多く抱える岩手の学校では感染症が蔓延し、早急な対策が求められていた。

折しも昭和22年（1947）9月、文部省より「養護教諭養成所創設並びに経常費補助規程」が公布された。その通知を受けた岩手県視学官の岩崎コヨは、教育課長の山中吾郎に相談のうえ、盛岡赤十字病院院長の南出英憲の協力を得て設立を実現させた。

この時、第1回生を迎えた岩崎コヨは学生に対し、

「岩手は無医村地区が多く児童生徒の健康不安があったことから、岩手女子師範の学生（昭和11年から20年までの卒業生）に対し、保健衛生の授業および盛岡赤十字病院での臨床実習を課し、看護婦（のちに保健婦）の資格を取得させ、赴任した県内各地に於て児童生徒の健康の保持増進を図った。その経験が養成所設立の原動力になっている」

と話していた（第１回生の阿部知子）。

養成所が発足した昭和24年春、文部省の湯浅謹而が来県して学生を激励。全国初の４年制の養護教諭養成所の開設に対する文部省と岩手県の期待が大きかったことがうかがえる。

また、全国的な流れではあったが、県は早急に養護教諭を輩出しなければならなかったことから、昭和22年から24年の養護教諭養成講習会（２か月間）を開催した。

旧制中学校あるいは新制高等学校の卒業者などや看護婦養成所を終了している者などを対象とし、講習時間は学校衛生２７０時間以上、教育55時間以上で合計３２５時間以上であった。したがって、質の充実を求めた４年制養護教諭養成所の教育の成果が大きいと期待された。

看護教育と併せての教職教育

４年間は医学、看護学、養護・教育に関する専門的な学習内容であったため、満足感、充実感に満ちた学生時代であったが、学舎がなかったこと、学校の教員になるために看護教育を受けなければならないことに対して疑問を抱いている生徒も少なくなかった。

しかし、看護学院で人間の生命に関わる専門職としての厳しい教育が卒業後の養護教諭の職務の内容に反映されるように応用しており、学校・地域社会が求めている衛生教育、救急処置活動など、僻地において実践に生かされ、自信を持って活動していた。

岩手大学での教育では、看護学院の教育と質的に異なり、考えて行動するゆとりの時間を持つことができた。

前期3年間の命を直接学ぶ看護教育と、後期1年間の人間を育む養護・教職に関する教育は、養護教諭としての資質の基礎を習得するための学習内容であったと思われる。

さらに岩手大学教育学部附属小・中学校での4週間および地方4週間の養護実習においては、都市と地方という異なる学校での養護実習体験となり、岩手の地域性を肌で感じとり、養護教諭の役割を考える機会として貴重であった。

第4章　養護教諭の組織と活動

岩手県学校保健会養護教諭部会の誕生

昭和20年代から30年代にかけて、本県では養護教諭が市町村に1人または辞令が2～3校兼務発令になった人も珍しくなく、1校に1人配置となったのはずっとあとのことである。現在のように携帯電話もないうえ、交通手段といえば汽車またはバスぐらいしかなく、しかもバスの停留所から1時間も歩かなければ学校に着かない人たちもいた。

現在のように新採用養護教諭に対する指導者はいない。学校は初めての養護教諭のため前任者に倣《なら》って仕事をするということもできない。組織はもちろんなく、真っ白なところからのスタートであった。私自身、日々これで良いのかと自問する不安な日々だった。

医療機関のない地域がほとんどだったため、地域の住人が怪我をすると保健室に飛びこんでくることが当たり前だった。保健室は地域の医療機関的な存在として期待されていたのである。医師ではないために専門的な治療はできない。とはいえ、「できない」と言って逃げることは許されず、来室した地域住民への応急処置も施した。

それぞれが遠く離れた学校において専門職1人という立場で働いており、孤独との戦いの日々でもあった。

赴任しても保健室がない所もあり、保健室の設置からの出発が大半であった。携帯電話はもちろん無く、固定電話は学校にあったものの自由に使えず、同職間の組織がない寂しさを1人ひとりが胸に抱いていた。仲間と連携をしたい、組織がほしい、との願いが地方にいる者ほど強かったと思う。

昭和40年頃から定数が少しずつ増加してきたとはいえ、まだまだ「保健室のおばさん」とか「看護婦さん」などと呼ばれることがあり、一段低い教員として処遇されるなど複雑な思いを抱きながら執務している人が多かった。

このような背景があり、盛岡において有志が集い、組織づくりに向けての話し合いを持った。声がけの中心となったのは、佐々木トシ（盛岡第一高等学校）、山岸ミヨ（岩手大学教育学部附属中学校）、矢羽々京子（盛岡工業高校）だった。

３人は、「県内各地の養護教諭が公平に専門的な研修などを受けられるように（それまでは盛岡中心で参加者も限られていた）、幼・小・中・高・大学が一体となった組織をつくり、地位の確立を図っていく必要がある」と力説した。

このときは大通にあるそば屋の２階に７、８人が集まっての会合だったが、参加者の結束が固かったことを覚えている。

昭和46年（１９７１）、岩手県学校保健大会の終了後、参加した養護教諭が初めて一堂に会し、岩手県養護職員連絡協議会が発足した。初代会長には熊谷キミが就いた。

設立趣旨として「専門職の研修機会を公平に！　幼・小・中・高・大学が繋がった組織にする」が掲げられた。会の根底には「専門的力量を研鑽《けんさん》し、相互に手を結びあって進もう」との願いが込められていたと、私は思っている。

僻地で頑張っている者にとって、会の発足は「１人ではない、仲間がいる」と強く感じさせるものがあり心強かった。これによって、その後の執務の励みや自信につながった。しかし、任意団体なので公的には認めてもらえず、組織維持のために幾多の壁を乗り越えなくてはならなかった。

発足から6年後には、協議会主催の第1回岩手県養護職員研究大会が開催された。年1回の開催であったが、相互の研修・交流の場として親睦を図ることができたうえ、何より自分の実践がまちがっていないかどうか仲間と確認しあえる有意義な場となった。大会での交流は自校での課題が見つけられるいい機会でもあり、専門職としての自信を深め、改めて「この仕事が生きがいである」ことを実感したものである。

昭和52年（1977）、同協議会は岩手県学校保健会の加盟団体となり、昭和60年には岩手県学校保健会養護教員部会と改称された。さらに平成8年（1996）、岩手県学校保健会養護教諭部会と改称された。

部会の活動は後輩によって継続され、平成28年11月には節目となる40回大会を開催するまでになった。会の発足当時に参加した者にとっては隔世の感がある。

これまでの活動記録は、同部会の研究集録・部会誌「ようご岩手」として毎年刊行されている。岩手の養護教諭の知的財産として自慢できる実践活動・研究活動記録であり、専門性の追究、児童生徒の心身の健康教育・保健指導のあり方の検討など養護教諭の資質の向上をうかがい知ることができる。

県立総合教育センターにおける研修

岩手県では昭和23年（１９４８）４月、実態に即した教育問題を研究し、教育の改善進歩に寄与する目的で、岩手県教育研究所を盛岡市に設置した。昭和32年７月には同県立教育研究所と改称。８月には教育職員免許取得および現職教育のために県立教員研修所を二戸市に設置した。昭和37年７月、科学教育の充実を図り、理科教育の現職教育のために県立理科教育センターを盛岡市に設置した。

昭和41年４月にはこれら３つの機関を廃止し、新たに教育水準の向上を図る総合的な研究、研修機関として、岩手県立教育センターが設置された。

さらに、同教育センターの機能を高度化させるために、県立総合教育センターが設置されることになり、昭和60年（１９８５）４月、県教育委員会に教育施設建設事務所が開設した。

同養護教諭部会では、以前から専門職としての資質向上のために養護教諭の研修は不可欠として、その実現を願っていた。県立総合教育センターが設立されると知り、この機会に養護教諭の資質向上を図るための専門的な研究室の設置を県側に働きかけた。

私は一般の人たちにも関心を抱いてもらいたいと思い、岩手日報の「日報論壇」に投稿した。ここにコラムとして転載しておく（一部表記を変え、改稿した）。

コラム　「養護教諭の研修充実を」

学校における保健室を通して児童・生徒の健康の移り変わりをみると、大正・昭和の初期ごろは、トラホーム（トラコーマ）、寄生虫症、結核など感染性疾患が主であった。その後、感染性疾患は減少してきたものの、代わりにむし歯や近視が高い被患率を示すようになった。

むし歯は歯みがきや食生活、特に甘いおやつ類の摂取の機会が多くなったこと、また近視はテレビなどの普及、子供の遊びの変化、日ごろの姿勢などに関係し、子供の日常生活と深いかかわりのある疾病が浮上してきた。

このように子供の健康問題には今や社会の問題が反映されており、肥満や骨折の増加など身体的にはもちろんのこと、不登校やいじめなどの精神面も加わり、健康問題はますます複雑多様化してきている。

この間、学校の保健室は当初、衛生室、医務室と呼ばれ、そこに勤務する学校看護婦は洗眼や点眼、検温、肝油ドロップの投与にあけくれていたということである。その後、学校看護婦が養護訓導という名称に変わり、疾病の治療だけでなく、児童の養護をも担当するという専門職として位置づけられた。

昭和22年、学校教育法により養護訓導が養護教諭に改められ、それまでの衛生室も子供の健康問題の移り変わりに伴い健康室と命名したところもあったが、現在はより健康的な児童、生徒を育てる教育の場所としての保健室が定着している。

当初、保健室の仕事は治療や処置が優先し、教育の分野としては全く考えられていなかった。しかし、昨今子供の疾病構造が多様化してきたこと、教育の問題は狭い意味での教授（教室での学習）に限らず、子供の生活にかかわるすべてが教育として考えられるようになってからは、学校における保健センター的存在としての機能が保健室に求められてきた。

このことについては、昭和61年1月13日付日報論壇「学校の保健室」で佐々木新市氏も論述している。保健室を訪れる子供は、身体的あるいは精神的に傷つき、病んでいる子供たちである。身体的症状を訴えていてもそれが心因性のものであったりする例は最近特に目立っており、症状の表れの背景にあるものを見抜く力量が養護教諭に求められている。

例えば、病院受診では特に異常所見はないのにしばしば腹痛を訴え来室してくる児童がいる。これは家族が離れ離れになったため、それまでの依存欲求が抑圧されて腹痛という信号を出したもので、自主性を育てる指導をして回復したケースがある。

また度重なる発熱、頭痛を訴えた子供は学級での孤立状態から情緒不安定を招いたものだった。担任が座席を変えてやり、美化係としての役割を積極的に指導したことにより友達からも支持され、諸症状が消失した例もある。

保健室の中のみならず、学校組織や家庭、専門機関との連携により健康を取り戻していく内容が多くなっている。一方、従来腎臓病や糖尿病などの慢性疾患は、ベッドでの生活を余儀なくされたが、医学の進歩に伴い病気を治療しながら登校している児童・生徒も増加している。

この子らには学習を中断することのないよう専門的援助が必要であり、日進月歩の医学と教育の接点を受け持つ教師としての研修が必要である。

幸い県では総合教育センターの新設が計画され、教育相談やカウンセリングの研究室が充実されるということである。学校生活を営みながら健康の回復や生活の立て直しをしていかなければならない境界域の児童・生徒も多い。したがって保健学、養護学、看護学的分野の研究室の設置をも望むものである。

（岩手日報　昭和61年7月21日付）

昭和63年（1988）4月1日、岩手県立総合教育センターが花巻市北湯口に開設され、同月27日に開所式が挙行された。ところが、私たち県学校保健会養護教諭部会の声は反映されず、会員たちは落胆した。そのために機会あるごとに要望を重ねた。

平成12年1月28日、同養護教諭部会は会員からのアンケートをもとに県教委保健体育課との話し合いを持った。このときは「教育センターにおける養護教諭の研修制度の確立」「教育センターや教育事務所への養護教諭の配置」「内地留学、長期研修、大学院進学制度の確立」の3項目を要望した。

翌年1月19日にも同保健体育課との話し合いを持ち、「教育センターにおける養護教諭の研修」「専修免許（大学院修士課程程度の教員免許状）の取得について」「文部大臣表彰について」要望した。

これらの働きかけが功を奏し、平成13年4月には同総合教育センターの教育相談室長期研修生として養護教諭1人が配置され、平成14年4月（2人）、平成15年4月から平成19年4月まで各年（1人）が配置され継続した。その後、平成22年4月（3人）、平成23年4月（4人）、平成24年4月（1人）

は教育相談長期研修生として配置された。

平成20年４月からは研修主事として養護教諭１人が配置され、専門職としての研修が充実されている。

研修主事　　中村誠子　平成20年４月～平成21年３月
研修指導主事　中村誠子　平成21年４月～平成22年３月
　　　　　　古川制子　平成22年４月～平成24年３月
　　　　　　高橋雅恵　平成24年４月～平成27年３月
　　　　　　平澤恒子　平成27年４月～平成29年３月

※平成29年４月の人事の発表によると研修指導主事の配置はなかった。

なお、平成28年４月からは、指導養護教諭が新たに任命され県内各教育事務所管内に１人、盛岡教育事務所管内２人、県立（高校）管内１人の計８人が誕生した。また、平成29年４月には、盛岡教育事務所管内３人、中部教育事務所管内２人、県南教育事務所管内２人、沿岸南部・宮古教育事務所管内各１人、県北教育事務所管内２人、県立（高校）管内１人の合計12人が任命を受けてその任に当たっている。

職制の確立と養護教諭の地位（職位）を高めるための活動

歴史的に養護教諭は学校看護婦として始まった経緯があり、総じて普通の教諭より一段低い見方をされる傾向があった。

学校看護婦時代の先輩諸姉の努力により昭和16年に職制が制定されたが、それまでの苦労は並々ならぬものであり、計り知れない諸問題と向き合ってきた。

その経緯は、平成3年6月岩手県みどり会（退職養護教諭会）発行の『ゆずり葉・養護教諭職制50周年記念誌』、全国みどり会（退職養護教諭会）発刊の『一筋の道』に記されている。

主な問題点をとりあげると、「給与の不合理是正の問題」、「恩給問題（養護教諭の恩給半減通算法案）」、「GHQによる政策。具体的には養護教諭の身分を厚生省に移しスクールナースとして養護教諭は保健婦の指導を受けるようにとの通達」など。

職制確立のさきがけとなったのは、昭和4年（1929）、第一回全国学校看護婦大会で東京代表が職務制定の要望を発言したことである。それを機に全国的に職制化運動、国会陳情運動が高まり、昭和16年（1941）学校看護婦が養護訓導になり、職制化された。当時、職制運動を中心になって推進していたのは、千葉千代世《ちばちよせ》（のちに参議院議員）、森川初枝、堀内フミの3人。その他千葉タツ等多くの養護教諭諸姉の努力があった。

学校保健の先駆者で帝国学校衛生会（日本学校保健会の前身）理事だった詫摩武彦と東京市議会議員で小学校校医の杉田武義は、学校看護婦の身分について文部省、厚生省、全国学校医大会などに熱心に働きかけ、文部大臣に陳情書を手渡す際などには前述の３人に同行して後押ししてくれた。

岩手県においても職制化に伴う養護教諭間の横の繋がりが高まり、意識の高揚が図られるようになった。

昭和23年には、県教育委員会事務局に平井たかが事務局職員として配置され、県立養護教諭養成所開設準備および指導にあたった。ところが、平井が学校現場に出たあとは養護教諭が県教委に不在となり、現場の声が行政に反映されにくい状態が長く続いた。日頃、児童生徒の健康の保持増進のために働いている養護教諭にとっては切実な問題であった。

このため、県学校保健会養護教諭部会（当初は同養護教員部会）は、県教育委員会に養護教諭を配置してくれるように要望した。昭和61年にようやく指導主事が配置され、現場の養護教諭や養護教諭部会の活動と連携を密にすることができ、学校保健の推進、養護教諭の職務の円滑化が図られるようになった。

平成24年４月には、初めて主任指導主事兼主任保健体育主事に入駒一美が抜擢された。また、長年、養護教諭からの管理職は不可能と思われてきたが、平成12年１月の学校教育法施行規則の改正により、養護教諭の管理職登用の道が開かれた。岩手県においては平成27年４月、入駒一美が養護教諭から初の副校長に就任した。

かつて養護教諭といえば、定年を迎えるまで養護教諭一筋とのイメージが強かっただけに、これは画期的な出来事である。後輩の養護教諭にも勇気を与え、活躍の場を広げたという意味でも特筆される。

以下、県教委に配置された養護教諭、管理職になった養護教諭は次のとおりである。

県教委保健体育課　事務局職員　平井たか　昭和23年〜昭和47年3月
〃　指導主事兼保健体育主事　佐々木千鶴子　昭和61年4月〜平成元年3月
〃　〃　松野智子　平成元年4月〜平成10年3月
〃　〃　川原詳子　平成10年4月〜平成12年3月
〃　〃　菅野由紀子　平成12年4月〜平成15年3月
県教委スポーツ健康課　指導主事兼保健体育主事　瀬川貴子　平成15年4月〜平成19年3月
〃　〃　中下玲子　平成19年4月〜平成24年3月
〃　〃　入駒一美　平成23年4月〜平成24年3月
〃　主任指導主事兼主任保健体育主事　入駒一美　平成24年4月〜平成27年3月
〃　指導主事兼保健体育主事　高橋雅恵　平成27年4月〜平成29年3月
県教委保健体育課　指導主事　平澤恒子　平成29年4月〜
〃　指導主事　高橋雅恵　平成29年4月〜
※平成29年度より指導主事（2名）となる。
岩手県立一関清明支援学校　副校長　入駒一美　平成27年4月〜平成29年3月
岩手県立花巻清風支援学校　副校長　入駒一美　平成29年4月〜

退職養護教諭による組織

岩手県みどり会

昭和36年（1961）9月13日、養護教諭職制20周年祝賀会が東京で開催された。翌14日、主に養護教諭を退職した人たちの親睦を深める目的で、参議院議員会館において準備会を開き、全国みどり会が発足した。参議院議員会館で開かれたのは、日本教職員組合書記長などを歴任した千葉千代世《ちばちよせ》（1907―1991）が参議院議員（日本社会党）を務めていたことによる。千葉は昭和21年ごろ、日本赤十字本社講堂で開催された全国養護訓導の全国大会で議長をするなどその後の養護教諭の地位向上に努めてきた。

初代会長には千葉たつが就任した。その後、各県持ち回りで会を開催し、退職した養護教諭の親睦を深めてきた。昭和51年に第14回総会が横浜市で開催された際には規約がつくられた。規約では入会金や会費などは決めず、個人参加で経費は参加者負担、強制はしないなど自由な内容が盛りこまれた。

2代目会長の鈴木芳子の代、昭和61年の第24回総会時に機関誌「一筋の道」が発刊された。3代目会長は安藤夏子が務めた。4代目会長は中村道子で、平成12年に就任して以来、現在に至る。

この間、昭和63年5月26日、第26回総会が盛岡市内のホテルで開催され、全国から集まった参会者を温かくもてなし、会員相互のきずなを強めた。

平成3年（1991）6月6日、神奈川県箱根町において、養護教諭職制50周年記念式典が、第29

回全国みどり会総会の日に合わせて挙行され、全国から約２００人の退職養護教諭と地元の現職養護教諭が参加した。

岩手からは、平井たかが出席したが、参会者のあいだで岩手でも養護教諭の歴史を風化させてはならないとの意見で一致し、記念式典を開こうとの機運が盛りあがった。その後、名簿づくりから始め、たびたび手弁当で盛岡に集まっては地域ごとの世話人を立てて準備を進めた。

このような経緯があって、同年11月2日、盛岡市志家町のサンセール盛岡で、「養護教諭職制50周年の集い」が開催された。

平成6年6月には、『ゆずり葉・養護教諭職制五十周年記念誌』（編集長・平井たか）が、岩手県みどり会によって発刊された。記念誌には「思い出の記――養護教諭五十年をふり返って」とのテーマで元養護教諭75人が寄稿（特別寄稿は11人）。それぞれの年代における養護教諭たちの奮闘ぶりをいきいきと伝えている。

その後も有志らが全国みどり会総会に参加していたが、平成13年10月1日、正式に岩手県みどり会が発足し、初代会長には平井たかが就任した。平井は平成16年まで会長を務め、会の発展に尽くした。

会長寄稿文
「岩手県みどり会を顧みて」

初代岩手県みどり会会長　平井たか

昭和53年度全国みどり会総会が隣県の秋田県で開催される時に、北海道の佐々木ふさ先生からお誘いがあり、初めて出席しました。以来できるだけ参加するようにしました。

衆議院議員の千葉千代世《ちばちよせ》先生、千葉タツ先生、東海林八千代先生（山形）方の大先輩を尊敬の念で遠くから拝見しておりました。開催県のご苦労も考えずに参加しているうちに考えさせられる気持ちになり、恩返しの気持ちで岩手でも開催をと提案しましたところ、賛同者がでてきました。そして、昭和63年度第26回総会を、盛岡市に於いて盛大に開催することができました。

年々賛同者が多くなり、「集い」程度から「総会」へと発展することができました。誰言うとなく、苦難の時代を風化させてはならないし、一人の活動記録より多くの人たちの記録の方が価値があるとの助言もあり、70人の友が過ぎし日の思い出を書くことになりました。そして、今だから話せる事をと書きあげたのが、Ｂ５判２１７頁の「ゆずり集」でした。職制50周年にふさわしいものとなりました。また、この活動を後輩に譲りたいという密かな願いが題名にこめられていました。

岩手県みどり会は、規約を全国みどり会に準ずるとして運営してきました。会を重ねるうちに親睦が図られるとして毎年開催し、旧交を温め合っております。総会は全国みどり会総会の報告を兼ねて行われています。

平成12度全国みどり会総会に提案された規約一部改正で、各県５０００円の分担金とすることが議決されました。本県においてもこの際規約を作ることとなりました。平成12年度までの退職者が２９１人であることを調べあげ、高齢者、病弱者を除き、約７割の方に会の趣旨と総会開催の案内を出しましたところ、約４割の方が賛同されました。今までは皆様の会費で運営されていましたが、予算化されたことで一層充実した会になることを喜び合いました。

平成13年10月1日付で正式に発足致しました。これもひとえに会員のご理解によるものと感謝致しております。

「全国退職者養護教諭会50周年記念誌」より　平成14年5月23日

岩手県退職養護教諭会

平成17年（2005）5月17日、岩手県みどり会の総会が開催され、新会長（2代目）に浅田和子が選任された。

翌18年4月、全国みどり会は全国退職養護教諭会と改称して再出発したことから、岩手県みどり会は6月15日の総会において、岩手県退職養護教諭会と改称したうえ規約などを改定した。会員は約100人（総会出席者は約30人）。

会では会員相互の研鑽と親睦を図り、現職養護教諭部会との連携を目的に、総会終了後にレクリエーション（昼食時）、研修会（午後）を実施しているほか、年4回の役員会に加え、事務局会議を随時行っている。

研修会では、それぞれの専門家から講義を受けるなど教養や知識を深める内容を盛りこんでいる。

平成22年度には、県立大学での養護教諭養成の継続と充実を求める要請活動を行った。具体的な活動は次の通り。

22年12月26日　現職養護教諭部会川嶋範子会長より県立大学の事情について電話を受ける。

23年１月16日　会長　浅田和子、副会長　遠藤巴子、役員　菊池恵子が協議。
18日　請願書について協議（事務局長　西野王世、遠藤巴子）
24日　関係者の懇談と協議（小西和子県議、高教組執行委員長　上田高、現職養護教諭部会会長　川嶋範子他関係者、浅田、遠藤）
28日　アイーナで請願書について協議（浅田、遠藤）
２月４日　「日報論壇」（岩手日報）に遠藤寄稿「養護教諭養成の存続を」掲載。
８日　県立大学副学長武田利明・瀬川純と対談
退職養護教諭会会長浅田和子、副会長遠藤巴子。
現職養護教諭部会会長川嶋範子、副会長入駒一美が県立大へ出向き請願書を提出。
その席で養成の存続が伝えられる。

会長寄稿文
「第40回岩手県養護教諭研究大会に寄せて」

岩手県退職養護教諭会会長　浅田和子
（岩手県学校保健会養護教諭部会　第５・９代会長）

記念すべき第40回研究大会の開催おめでとうございます。
本大会について思い返してみますと、私が第５代会長を務めさせていただいた昭和61年の第10回研究大会、そして第９代会長時の平成８年は第20回大会でした。それから平成18年は、私が岩手県退職養護教諭会会長の任を受けた2年目、第30回研究大会が開催され、私も歴代会長としてご招待頂きました。

本日の第40回研究大会の研究主題は「養護教諭の特質を追究する」とありました。午前は後藤ひとみ先生のご講演、そして午後の班別研究協議会と熱心な研究、協議を期待しております。

私の現役時代から約半世紀を経て、子どもを取り巻く環境と、社会情勢が大きく変わりました。その社会のニーズに合わせて、子どもたちの心身の健康を守るため、会員の皆様はたゆまず日々の研鑽と実践を積み重ねてきました。特に、5年半前の東日本大震災に際して、子どもたちの心身の健康を守るため、ただちに東日本大震災支援対策委員会を結成し、宮古・釜石・気仙地区を中心に児童生徒の心身の変化への対応、被災者への支援など、養護教諭が学校保健の枠を超えて奔走され、その実践報告書を発刊されたことを知り、元養護教諭の一人として大変感動いたしました。

私は平成17年度から岩手県退職養護教諭会の会長を務めさせていただいていますが、その会の目的は、会員相互の親睦と研鑽、そして現職の養護教諭部会との連携を掲げております。現役の方々を陰ながら応援したいという意向でした。県内約100名の会員に年1回の総会と研修会の案内状を差し上げてきましたが、出席者は25名程度でした。その研修会の講演のテーマは健康問題にとらわれず、医大救急看護師の「私に出来る救命法」、原敬記念館前館長による「原敬を支えた女性」、盛岡市先人記念館学芸員による「盛岡の偉人」、畠山幸枝会員（本会常任委員）の「生体肝移植の体験」、平井たか前会長の「私の養護教諭人生」など大変有意義な研修会でした。

平成25年度からは会員の年齢や体調などを考慮して、会の運営業務を縮小し、全国組織との連携、そして現職の岩手県養護教諭部会との連携の窓口として務めております。今後とも尽力させていただきますとともに、会員皆様のご健康とご奮闘をお祈り申しあげます。

「第40回岩手県養護教諭研究大会誌」寄稿文より　平成28年11月25日

岩手ようごの会

養護教諭は学校においては一人職ということもあって、個々の肩に専門職としての責任が重くのしかかる。それぞれに関連研修に参加しながら試行錯誤を重ねて活動しているものの、どうしてもさまざまな問題や悩みに直面することがある。

そんなときに、お互いに励ましあいながら情報交換ができる同僚との実践交流が物を言う。岩手県においては新採用教員も増加傾向にあること、養護教諭の若返りもみられることから退職養護教諭を含めた交流の場が欲しい。そのような声が有志の間で高まり、実践交流の場を立ち上げることになった。問題は活動の拠点となる会場だったが、幸い「いわて県民情報交流センター（愛称アイーナ・盛岡市盛岡駅西通一丁目）６階の県民活動交流センターでは、同センターが指定した団体に対し無料でアイーナ内の会場を提供（その都度、活動室を指定）していることがわかり、さっそく準備にとりかかった。

このような経緯を経て、平成26年7月13日、「岩手ようごの会」が発足した。初代会長には堀篭ちづ子、事務局長に澤口紀子が就いた。本会の目的は「養護教諭（子どもの心身の発育発達の支援及び養護教諭の資質や力量の形成）に関する研修とその発展。この目的を達成するために実践交流会や親睦会、研修会などの事業を実施している。

会長寄稿文

「実践交流・学び合う場　岩手ようごの会」

岩手ようごの会会長　堀篭ちづ子

岩手ようごの会のなりたち

岩手ようごの会は、県内養護教諭対象の職務に関する調査研究メンバー10名により、２０１４（平成26）年7月に発会しました。調査研究の結果から、養護教諭が期待に応えるべく実践に取り組んでいる様子、職務・専門性についての研修を必要としていることが示唆されました。我々は、協力いただいた現職養護教諭の役に立てることはないかと考え、辿りついたのが、守秘義務が守られて費用の負担も少ない場所での実践交流を中心とした研修の場の提供ということでした。そのような場所はないかと探していた時、いわて県民情報交流センター（アイーナ）内の県民活動交流センターに登録することにより、施設・備品等を無料で使用できるということが分かりました。そこで、会則等を皆で検討し、「岩手ようごの会」として登録をしました。

活動の状況

実践交流会のテーマは、右記の調査結果を基に検討し、２０１４（平成26）年11月29日（土）第1回実践交流会を開催しました。テーマは、養護教諭が求める研修内容で最も高率を示していた、救急処置に関わる「救急処置に必要な救急用品」としました。参加者は、我々会員を含めて、現職養護教諭・養護助教諭、退職養護教諭25名でした。午後はフリートーキングとし、14名により日常の職務について交流しました。

２回以降のテーマは、第２回「救急処置─受診に迷った事例─事例検討」、第３回「定期健康診断　私の工夫─視力測定の工夫と事前指導について─」、第４回「保健指導に活かす　保健だより」、第５回「学校保健委員会　立案や企画・運営、連携、事後措置、評価などをどう実践・工夫していますか」、第６回「感染症対策　備えあれば憂いなし」、第７回「定期健康診断─脊柱及び胸郭の疾病及び異常の有無─特に四肢の状態」、第８回「学校救急看護─救急処置事例検討ＰＡＲＴⅡ」、第９回「保健室経営計画─評価を中心に─」、第10回「震災支援活動から、日常の保健室経営を考える」です。第１回及び第２回は、午後にフリートーキングを設定しましたが、２０１５（平成27）年１月の総会で協議し、第３回以降は午前の実践交流会のみとしました。

実践交流会は、事務局長である澤口紀子氏を中心に、話題提供・当日の進行等、会員皆様の多大なる尽力により運営されており深く感謝申し上げます。また、話題提供者以外に、当日参加された養護教諭からテーマに関連した資料提供もあり、充実した研修となっていることが、参加者の感想等からもうかがうことができます。

岩手県学校保健会養護教諭部会との連携

部会のご理解とご協力により、部会のＨＰに交流会の案内や報告等を掲載していただいており、心から御礼と感謝を申し上げたいと思います。ようごの会の会員となった養護教諭は、ようごの会で使用できるアイーナの施設（活動室等）を会議や集会等で利用できます。すでに、利用されている先生もいらっしゃいますので、少しはお役に立てているのかなと発会メンバー一同嬉しく思っているところです。

今後にむけて

現職養護教諭が求める研修内容を中心に、その時々に必要とされるテーマを設定して実践交流会を開催してまいりました。今後も、先を見通し、そのニーズを捉えて、何より、肩の力を抜いて、相互の学びの場となるようにアイデアを出し合い、小さな一歩となるような実践交流の場として継続していくことを願っています。

発会メンバー（敬称略）入駒一美、遠藤巴子、澤口紀子、高橋雅恵、田口美喜子、田村美穂子、中下玲子、福士典子、豊巻松美、堀篭ちづ子

第5章　岩手県立大学創設の経緯

公立にこだわった理由

看護大学創設を望む声

国内での看護婦養成は高卒者や中卒者を対象にした専門学校が主軸だったが、平成になってから深刻な看護婦不足、医学の日進月歩の発展に伴う看護の充実を背景に、全国各地で4年制の看護大学を設立する動きが本格化してきた。

看護婦不足の理由としては、医療法改正による地域医療計画の見直しに加え、このころから高齢化社会への対応が叫ばれてきたことなどによる。

岩手県においては昭和45年（１９７０）、県立衛生学院が開校し、看護職教育の充実に向けて情報発信をしていた。

当時、岩手県立盛岡短大の非常勤講師として来学していた兼松百合子（のちに岩手県立大学看護学部教授　初代看護学部長・２０１６年6月死去）は常々、

「これからは大学での看護教育が中心となる」

と話していた。昭和48年（１９７３）、兼松と私は県医薬課を訪問し、伊藤芳子係長と会った。兼松と伊藤のやりとりをかたわらで聞きながら、私は「大学での看護教育が早く実現してほしい」との思いを強めていた。

その後、岩手県看護協会は高校生を対象に看護婦の志望状況調査を実施した。その傾向を把握した

うえで、昭和55年8月、看護協会会長の成澤良子、副会長の小松弘子が県立盛岡短期大学の中沢潤学長を訪問し、看護短期大学設立を検討するように請願した。

私は短期大学の保健室に勤務していたためその場に立ち合ったが、それ以上の発展は見られなかった。

県内でも年々高まる医療需要を背景に、看護大学の創設を求める関係者の声が各地（一関や釜石など）で高まっていた。県当局の調査によると、昭和63年（１９８８）時点で看護婦の需要が約1万２０００人だったのに対し約２００人が不足していた。

平成元年（１９８９）８月、県の看護職員養成検討委員会は、看護職員確保のために看護養成大学を整備するように県当局に提言した。これを受けた環境保健部は「検討中」としたが、それ以降の進展は見られなかった。

翌2年4月、岩手女子看護短期大学が滝沢村（現・滝沢市）大釜に開学した。

本学は学校法人岩手女子奨学会（初代理事長は三田俊次郎）により設立された東北初の看護短大（3年制）。平成12年には岩手看護短期大学と改称され、男女共学となった。平成28年には設置者が学校法人岩手医科大学に変更されている。同短大は地域医療の進展のために期待され、平成28年現在、卒業生、修了生２３００人以上が看護師、保健師、助産婦として活躍している。

同短大の誕生当時、くしくもこの短大に刺激されるかたちで、公立による4年制大学の必要性を改めて訴える声が広がった。平成3年時点での県内の看護婦養成施設は23。この年は約７００人が卒業したが、いずれも3年制ないしは2年制の卒業生だった。

平成3年（1991）5月、日本看護協会は13都道府県で4年制の看護大学の設立を検討としていると発表。厚生省（現・厚生労働省〈厚労省〉）も積極的に後押しする方針であることを明らかにした。ちなみに、当時は看護婦の養成施設が全国で約880あり、毎年4万人近くが入学していたが、大半は3年制と2年制の養成所であり、4年制大学の看護コースは8都県11校、定員は1学年当たり600人足らずという状況にあった。

県看護協会が県議会に請願書を提出

平成4年（1992）2月10日、岩手県看護協会（成沢良子会長）は、工藤巌《くどういわお》県知事と県議会に対し、県立看護大学の早期設立を要請した。

同協会は昭和54年、社団法人（平成24年に公益社団法人）として盛岡市緑が丘に設立され、平成元年に開設した県看護研修センターなどを活用し、看護職員の資質向上などに取り組んでいた。

当日は、成沢会長ら同協会の代表6人が工藤知事に面会した。成沢会長は、

「多様化する看護ニーズにこたえるためには保健、医療、福祉が一体となった看護系大学の早期設置が望まれる」

などと訴えた。県では第三次岩手県総合発展計画の中で、中核的看護職員養成施設（看護大学）整備事業を重点項目の1つに掲げており、教育行政に造詣が深い工藤知事は陳情に対して前向きな姿勢を示した。

工藤知事との話し合いで好感触を得た県看護協会は４月20日、県議会に対し「県立看護大学設置について」の請願を提出した。提出者は会長の成沢良子である。

同請願は「県立（公立）」での創設を求めるものであり、超党派議員10人の紹介で所管の保健商工常任委員会に審査付託された。

ところが、県看護協会は６月19日にこの請願を撤回したうえ、新たに「県立」の冠をとった「看護大学について」の請願を出した（７月１日採択）。

この背景には、県当局が公立案に難色を示したことによる。

再提出の請願では県立の２文字を削ったものの、現場の医療看護、介護現場の第一線では、あくまでも公立での設立を望んでいた。

看護大学に関心を抱く県民の大半も県立希望だったらしく、新聞紙上の投書欄にもそのような趣旨の意見がたびたび掲載された。

10月29日、岩手郡葛巻町で開かれた県政懇談会に、町の地域婦人団体藤岡カホル婦人会長から県立の看護大学の開設を求める要望書が提出された。簡略すれば次のような内容になる。

「当町からは看護の道を選ぶ若い人たちがたくさんいます。看護大学は、これからの高齢化社会に欠かせない大切な職業人の教育です。将来の超高齢化に向けて、このような人たちの教育は県が自ら行い、県民が安心して医療や看護が受けられるようにしていただきたいと思います。看護の道を志向する優秀な若い人たちの、県外への流出を防ぐためにもぜひ、県内に県立の看護大学を造ってくださるようお願いいたします」

このころ、葛巻町から東京へ出て聖路加看護大学（現・聖路加国際大学）で学んでいる学生がいたが、藤岡カホル提出の要望書はそのような学生の思いを代弁するものでもあった。要望書は看護職員だけでなく県民の声も反映するものだった。

これに対する県の姿勢は、12月定例県議会開会中の11月30日に明らかになった。

同日の決算特別委員会において、自民党議員が看護大学に対する県の考えをただしたのに対し、佐々木浩副知事は看護大学の設置主体として、

「学校法人岩手女子奨学会（三田俊定理事長）と同岩手医科大学（大堀勉理事長・学長）の両法人に対して実現を打診している」

と表明、県立での設置は事実上想定していないことがわかった。

さらに、「設置場所は岩手医大と連携のとれる盛岡近郊を検討すべき」との見解を示したうえ、年度内に岩手医大など関係者や学識経験者による整備検討懇談会を設け、具体的な検討に入ることを明らかにした。

岩手女子奨学会では岩手女子短大の４年制への昇格を希望しており、県はその意向を把握していた。岩手医大については４年制大学へ向けた条件が最も整っていると判断していた。いわば県の思惑と一致したかたちである。

12月２日の決算特別委員会では議員４人、７日の保健商工委員会では議員３人が改めて県立の可能性についてただした。

これに対し、国から出向していた佐柳進環境保健部長は、

「教育・研究スタッフとして教授、助教授だけでも20余人の人材が必要だ。今、これだけのスタッフを集めるのは極めて困難だ。最初に県立でという発想はいかがなものか」

などと答え、否定的な見解を示した。県立の道は極めて困難な状況に置かれた。

懇談会の英断で県立看護大学の設置が決まる

一般市民の名前で請願

平成５年（１９９３）１月18日、県は看護大学のあり方を検討する「看護の大学教育に関する懇談会」を発足させ、初の会合が盛岡市の県水産会館で開かれた。

関係者や学識関係者７人の委員が出席し、座長には石井冨士雄県商工会議所連合会長（元岩手銀行頭取）が選出された。座長以外の委員は石川育成県医師会長、大堀勉岩手医大理事長兼学長、成沢良子県看護協会会長、船越昭治岩手大学長、村田源一朗岩手日報社編集局長、矢川寛一岩手女子看護短大次期学長。

懇談会では多角的な議論が期待されたが、肝心の県が民間優先の立場を鮮明にしており、最終的にまとめられる提言では県の方針に近い内容が示されるのではないかという見方が一般的だった。

４月、国公立初の看護単科大学として、兵庫県明石市に県立看護大学（現・兵庫県立大学看護学部）が開校し、初代学長に看護学博士である南裕子《みなみひろこ》が就任した。

ちなみに、南はアメリカ・カリフォルニア大学で看護学博士号を取り、聖路加看護大学教授を経て初代学長に抜擢された。のちに日本看護協会会長や日本人として初めて国際看護師協会第25代会長に就任する。

学長に就いた南はマスコミの取材に対し、

「米国では修士号を持った看護婦が約12万人いるのに日本は約２００人。大学院の教育を受けた医者に対し、看護婦が同等に接するためにも看護大という受け皿が必要」

と話している。

国公立初の看護単科大学誕生のニュースは、岩手県内で県立の看護大学開校を望んでいる関係者を鼓舞するかたちになった。だが、県はすでに岩手女子奨学会と岩手医科大学に委ねる方針を鮮明にしている。どうすれば風穴をあけることができるだろうか。

関係者が地団駄を踏んでいるとき、6月に入って思わぬ展開があった。

県議会は任期4年間のうち前半の2年間を終えたことから、正副議長をはじめ各常任委員会などのメンバーが入れ替わったのである。保健商工委員会も顔ぶれががらりと変わり、農林水産委員会にいた日本共産党の横田綾二が移ってきた。横田は過去2回の請願で超党派による紹介議員10人の１人になっている。

折しも民間推進の立場をとっていた環境保健部長が国にもどり、後任には松本義幸が就いた。県立での看護大学開校を望んでいた有志が横田を訪ね、県立にこだわる理由を熱く訴えた。

このときのやりとりは、横田綾二著『岩手県議員会館 夢物語』（２００５年発刊・熊谷印刷出版部）

の「看護学部設立異聞」に詳しい。

「３度目の請願を出そう。公立を明瞭にして」

横田の言葉に励まされ、有志で請願書を提出することにした。

３度目の請願は県看護協会の成沢良子ではなく、一般には知られていない人物の名で提出されることになった。

請願者は、民間の賢夫人山内トミを筆頭に、矢羽々京子（養護教諭退職者・てんかん協会副代表）、細川功子（かたくりの会会長）、太田和子（岩手放送保健室看護婦）である。横田は今回も超党派で紹介議員を集めることにし、懇意にしている議員への説得工作を続けた。

平成５年10月１日定例県議会を前に、有志は揃って議員会館を訪問。「看護大学を公立で設置することについて」と題した請願書を県議会議長の佐々木俊夫に提出した。紹介議員は横田を含む超党派の７人。

これに驚いた環境保健部は工藤篤保健商工委員長に事態の修復を求めて働きかけたが、すでに大勢は決していた。ただし、すんなりと採択されたわけではない。

ここに請願の全文を箇条書きで転載しておく（表記を一部変えた）。

１　一県民としてたびたび看護大学の公立設置要望を新聞紙上で拝見し、かねてから広く待望されていることに私も同感です。
(1)　高度な治療と医学の向上に伴い患者の側にいて老人や病人の話を聞き、世話をしてくれる看護婦の質の向上は広く県民が切望しているところです。

(2) また医師と看護婦は車の両輪にも等しく、知識があってこそ治療と患者の世話ができるものと思っております。一部に医療110番でも話題になったお礼奉公などはとても残念なことと思っています。

2 岩手県に公立を希望する理由

(1) 県民の声を大切に

平成4年12月4日の岩手日報の論壇でも「行政が看護大学にどうかかわるかが今後の課題とし、県の及び腰と結論先取りは県民の期待と逆行する」と述べております。職能団体である県看護協会でも公立を切望していると紙上で拝見いたしました。一県民として私の知る限りでは県民の声や県看護協会の陳情に関係なく、私立の方向で検討しているように思われます。県民の声に耳を傾けてほしいと思います。

(2) 岩手県立衛生学院を4年の看護大学に

県立の看護大学を設置し、県内の看護養成施設の中枢的存在として県民の期待にこたえてください。岩手県には安心して頼れる県立病院が28もあり、そこで働く看護婦の質の向上をはかるためにも、ぜひ県立の大学が必要と思われます。

(3) 県民の学費負担の軽減を

平成4年8月19日の日報論壇で山下さんが述べられている通り、学費の問題は県民の誰もが注目しているところです。

(4)　他県の例

すでに平成4年度は13都府県が大学の指定を受け、12団体が公立で施設整備（平成5年9月25日付の日報論壇）されたと聞くに及んで、本県ではどうなっているのか伺いたいところです。

どうか日報論壇、潮流、時論、声の欄等々、それぞれの立場から個人の声ではなく県民の声として聴いて下さるよう、そして看護水準が向上することによって、より良い医療と看護が私達に届きますよう切に望みます。

請願〈2の(3)〉にある山下というのは、当時、盛岡市在住の看護婦で県看護協会の一員だった山下キヌのことである。山下は岩手日報の「日報論壇」（平成4年8月19日付）に「看護大学設立を望む」と題して寄稿した。要旨を紹介しておこう。

職能団体看護協会でも看護大学設立に向けて全国的にも運動を展開している。岩手県でも成澤良子会長のもとに看護大学設立検討委員会を設け、社会の高学歴化に対応できる学習を看護教育の中にも求め、会長以下委員会が中心になって検討を重ね対外的にも要望を出している。

第三次岩手県総合発展計画の中に「中核的看護職員設立（看護大学）整備調査」が明記され、調査に着手する方向が示された。昨年から今年にかけて県内2、3の市から誘致の要望も出されている。国内では現在14看護大学が設立されている。そのうち本年度4月に3校が開校した。一度に3校もの開校は画期的なことといわれている。それだけ時代の要望も高まっている証拠だろう。地域的に見ると既存の大学を含め東京を中心に関東以南に集中しており、東北地方には皆無である。

私立の場合、一般理系大学と同様、初年度納入額は200万円を超す。今後岩手県に設立される看護大学は、ぜひ費用のかからない国公立にしてほしいと強く希望する。県内の看護の道をめざす多くの若者が学費の心配なく学べるように願っている。

山内トミの請願は議員7人の推薦もあり、看護関係者に期待感を抱かせたが、10月定例県議会の保健商工委員会では、各派とも公立大学を求めている見方で一致したものの、県が設置した懇談会が年度内に結論を出すということに考慮し、請願採択を見送った。続く12月の県議会でも同様の理由で継続審議となった。

採択されたのは平成6年（1994）3月29日のことである。この間、看護の大学教育に関する懇談会は、2月2日世論の動向を見極めた提言を行った。結果的に、山内トミの請願と世論の声が同懇談会に届いたかたちである。

8回目の最終懇談会で決着

看護の大学教育に関する懇談会の最終となる第8回目は、前述したように2月2日、県庁で開かれた。前年1月に始まった時点では県の意向は民間であったが、会を重ねるごとに県立へと軌道修正がはかられた。

この間、第４回懇談会では、日本赤十字看護大学副学長の樋口康子ならびに社団法人日本医師会常任理事の今田拓に来盛してもらい、意見を聞いている。

この日、同懇談会は、

「看護大を県立で設置、運営するのが望ましい」

との報告書を県環境保健部長の松本義幸に提出した。

報告書では、「本県における看護を取り巻く状況は、急激な高齢化の進展によるニーズの量的拡大とともに、保健医療の進歩、サービスの受け手である療養者のニーズの多角化など、質的にも複雑・高度なものとなりつつあり、これに対応するために、看護職員の資質の向上を図ることが急務とされている」として、▽看護の大学教育の必要性▽求められる機能と期待される効果▽実現にあたっての課題▽設置主体▽おわりに――の５項目に分けて論議した内容が記されている。

このうち設置主体では、「公設公営」「公設民営」「岩手女子看護短期大学の４年制昇格」の３つの観点からそれぞれの利点と課題を検討し、以下の５項目にわたる理由によって「県立」とすることが望ましいとの意見に集約された。

(1)　全国を上回る早さで高齢化が進展する本県においては、看護職員の安定的確保を図り、看護職全般の水準向上と、看護ニーズの高度化・多様化に対応することが重要な行政課題であること。

(2) 看護の大学は、医療及び地域保健、福祉、学校保健など公的性格が強い広範な領域に関わる人材の育成を目指すべきであり、看護の知識・技術とともに幅広い視野と豊かな人間性を育成する総合的な教育を行う必要があること。

(3) 県内の看護職員に対する生涯教育、看護職員養成施設への支援、看護教員・指導者の育成を行う等本県の看護教育の中核となる大学として整備する必要があること。

(4) 看護の大学設立が殆どの都道府県において具体化する状況にあって、看護の大学教育を志向する県内の者がより多く入学できる大学として整備する必要があること。

(5) 国においては、看護婦等の養成確保を推進するため、養成施設の整備を地方公共団体が行う場合に限り、平成11年度まで地域総合整備事業債（特別分）の導入を進めていること。

これらを踏まえ、「おわり」の項では、

「実習施設」については、相当規模の病床数を持つ総合病院が望ましい、

「設置の場所」については、実習施設としての病院との関連などを考慮すること、

「開設の時期」については、可能な限り早期の開校に向けた努力が望まれる、

「学部構成」については、看護職員に求められる幅広い視野と豊かな人間性を育成するために、複数の学部学科を有する大学の中に位置づけることが望ましい、

「看護職員の養成体制」については、看護婦養成所の果たす機能も極めて重要であり、特に民間立養成所に対して配慮することが望ましい、

と、要望している。

このうち学部構成に関しては、「実現にあたっての課題」の項で、「養護教諭教育に加え、保健、福祉、スポーツ医学など今後の社会的ニーズに対応した総合的な学問を学べる大学を構想すべきである」と提唱している。

総合大学として開校

看護の大学教育に関する懇談会は、「総合的な学問を学べる大学を構想すべき」と提言したが、これを受けた県では当初の単科大学ではなく複数の学部学科からなる総合大学として整備する方針を固めた。

この背景には、教育行政に精通した工藤巌知事の強い意向があった。工藤知事は以前から県内の進学率を高めるためには総合大学の方が望ましいと考えており、部局長らで構成する高等教育機関整備推進会議でも自ら会長に就いて討議を進めていた。

平成６年（１９９４）２月17日、工藤知事は記者会見で、「４年制の県立大学の開設地として、滝沢村（現・滝沢市）砂込の県畜産試験場用地の一部が最適」との見解を示し、滝沢キャンパスの整備が本決まりとなった。

開学目標は平成10年度とし、１学年当たりの定員は約６００人。４月には総務部内に県立大学整備室が設置され、５月30日、県立大学整備懇談会の初会合が盛岡市大通のエスポワールいわてで開かれた。７月18日には県立大学基本構想検討委員会（委員長・船越昭治岩手大学長）が設置された。

平成7年2月15日、県立大学基本構想が策定され、3月29日、県立大学開設準備委員会が設置された。工藤知事は県立大学構想に熱意を注いでいたが、病気を理由に1期のみで引退することを決意、4月29日に退任した（平成10年8月25日死去）。

県立大学構想は、全国最年少で当選した増田《ますだ》寛也《ひろや》知事にバトンタッチされた。

詳しい経緯は省くが、平成9年（1997）12月10日、岩手県立大学等条例が議決され、同19日、設置認可が下りた。

そして、平成10年（1998）4月1日、岩手県立大学が開校した。初代学長には半導体研究の第一人者で東北大総長だった西澤潤一を招聘《しょうへい》した。

学部は看護、社会福祉、ソフトウェア情報、総合政策の4学部。

このうち看護学部では、看護婦・保健婦国家試験受験資格が取得できるうえ、助産婦、養護教諭のいずれかを選択することにより、助産婦国家試験受験資格、養護教諭一種免許状が取得可能となった。

養護教諭制度60周年にあたり、岩手県養護教諭部会より執筆の依頼があった。折しも私は退職の年であり、大学は大学院設置に向け準備している時だったので、養護教諭の先生方に学ぶ環境を紹介したいと思い、そのことを寄稿した。ここにコラムとして転載しておく。

コラム「養護教諭制度60周年を迎えて」

養護教諭制度50周年記念号が発刊された頃、岩手県の第三次総合発展計画重点事業の中に高度専門医療に対応できる看護職の育成として看護大学の調査検討計画が盛り込まれていた。社団法人岩手県看護協会（成沢良子会長）は、岩手県知事工藤巖氏や岩手県議会に対し、看護大学の早期開設を要請、岩手日報の社説や声の欄などにも県民の要望が幾度となく掲載されていた。

それまで先輩諸氏と共に県内の大学に養護教諭の養成をと願って検討した経緯があるが、遠い道のりに頓挫《とんざ》していた。成沢会長にその旨を話すと、養護教諭の役割の重要性を力説してくださった。鬼に金棒の気持ちを得た思いで、陰ながら看護大学の実現を祈っていた。その思いを50周年記念号に執筆した。

10年が過ぎ、60周年を迎える時となって、岩手県立大学看護学部の１回生が巣立つ春を迎えようとしている。当時の準備委員会で、岩手県看護協会成沢良子会長と看護学部長である兼松百合子先生の熱意あふれるご努力によって看護学部に養護教諭１種免許状を取得できる課程が設けられた。長年、岩手県においては実現不可能と思ってきただけに、養護教諭にとってはこのうえない喜びであった。

そして現在、看護学部は平成14年度開設に向けて看護学研究科および養護教諭専修免許状、高等学校教諭１種免許状（保健）が取得できる充実した内容の教育課程および指導教員をそろえ、設置認可を申請中である。

看護学研究科修士課程は学部の卒業生のほか、現場の看護実践者・教育者のための高度な教育・研究をする場として、「広く看護職者と養護教諭の方々のニーズに応えるために、大学卒業者とともに大学卒業者と同等の能力を有すると認められる者を研究科生として迎え、夜間や週末等にも授業を開講し、現職のまま就学できる制度を取り入れる」としている。

近年、児童生徒の疾病構造の複雑・多様化に伴い、養護教諭の執務の内容も変化してきている。平成9年、保健体育審議会の答申では養護教諭に対し、従来の執務内容のほかに新たな役割として養護教諭の行う健康相談活動・カウンセリング機能の充実、健康に関する現代的課題の解決などがあげられている。

これらの活動を推進するため、養護教諭には心の健康問題と身体症状の理解、確かな判断力、カウンセリング能力、健康問題を捉える力量、解決のための指導力、企画力、実行力、調整能力などの資質が求められている。文部科学省は資質の向上方策として養成課程の充実、現職研修、複数配置の一層の促進をあげている。

児童生徒が楽しく、のびのびと健やかに学校生活が送れるようにと願って活動している養護教諭にとっては、研修は欠かせない課題である。また、毎年開催している岩手県養護教諭研究大会では、各地区ごとに研究活動が活発になってきているが、今後は内容の充実に努めていく必要を感じている。幸い県内において学ぶ環境が整いつつあることから、研究科生として学び、遅々として進まなかった我々の難題に挑んで欲しいと思っている。

今後、養護教諭部会においては、岩手県立大学看護学部に対して専修免許取得のための講習会の開催、当分の間、受講者は岩手の養護教諭を優先するなどの請願が必要と思われる。部会のますますの発展を記念しております。

平成13年度 研究集録第25号 養護教諭制度60周年記念誌
岩手県学校保健会養護教諭部会２００２・３・15

第6章　養護教諭養成課程存続の危機

突然の事前通告に関係者が立ちあがる

県財政逼迫の余波

岩手県立大学はその後、大学院を相次いで開設する。

平成12年（2000）4月には、ソフトウェア情報学研究科博士前期・後期課程、総合政策研究科博士前期課程、平成14年4月には、看護学研究科博士前期課程、社会福祉学研究科博士前期課程、総合政策研究科博士後期課程そして平成16年4月には、看護学研究科博士後期課程、社会福祉学研究科博士後期課程が設けられた。平成17年4月には、公立大学法人となった。ちなみに平成28年度現在、養護教諭の看護学研究博士前期課程修了者は18人である。

県立大学は県内の大学進学率を30％台へと押しあげる原動力となり、県内外に優秀な人材を輩出したが、当初から年間運営費が60億円もかかることなどから、近い将来に県財政を圧迫するのではないかとの懸念があった。

実際、県財政は県立美術館（2001年10月開館）や県複合施設のいわて県民情報交流センター（通称アイーナ・2006年4月開館）などの建設もあって、悪化の一途をたどった。なお、県立大学では同交流センターーがオープンしたときから公開講座や生涯学習向けのアイーナキャンパスを設置している。

県財政が逼迫《ひっぱく》するなか、平成22年（2010）10月に入る頃、看護学部の養護教諭養成コースが廃止されるかもしれないとの情報が関係者からもたらされるようになった。

危機感を抱いた看護学部教授竹﨑登喜江（養護教諭養成担当）から知らせを受け、急遽《きゅうきょ》県立大学卒業生、大学院卒業生と私とで話し合いをもった。

有志（ワーキンググループ）による請願

11月25日、私たち５人は県立大学を訪れ、相澤徹理事長に面会、養護教諭養成について存続に関する要請を行った。メンバー（所属等は当時）は、同大学看護学部竹﨑登喜江教授、同大学看護学部卒業生佐竹麻衣子（盛岡工業高校定時制養護助教諭）、同大学看護学研究科博士前期課程修了福士典子（矢巾北中学校養護教諭）、同大学看護学研究科博士前期課程修了川原詳子（元一関第二高校養護教諭）、退職養護教諭会副会長遠藤巴子（元県立大学看護学部講師）である。

竹﨑のあいさつ、各人の自己紹介のあと、佐竹麻衣子（新姓は平野）が口火を切った。

佐竹は看護学部６期生として平成19年３月に巣立ったのち養護助教諭として採用され、県立高校に勤務して４年目を迎えていた。佐竹は卒業生の思いを代弁し、「看護学部から養護教諭を目指すことの意義」について次のように訴えた（要旨）。

県立大学には看護師の資格を持った養護教諭になりたいという思いで入学しました。看護学に興味があり、看護で得た知識を子どもたちへの指導に生かしたいと考えたからです。看護学を学びながら教職課程を選択することは楽なことではありませんでした。看護を学ぶうちに看護師という職業にも魅力を感じ、揺らいだこともありました。しかし、「養護教諭になる」という自分の夢を諦めきれず貫いた4年間だったと思います。

実際に働き始め、ほかの教育学部出身の先生の話から、自分は教育分野で育った人間ではなく、看護学を中心に学んできた者なのだと実感することもありました。「ここは病院じゃないぞ」と言われたこともあります。しかし、それも私の個性となっています。看護実習をとおし、「生命」に間近で触れ合ってきた私たちだからこそ、伝えられることがあると思っています。

養護教諭は様々な道から選択できる職業です。教育学部の人、栄養学を専攻してきた人、福祉を専門に学んできた人……色々な人がいます。得意とする分野が異なる多くの人が集まり、その時代の子どもたちの健康課題と向き合うことで学校保健は進展してきたと思っています。その中に人の体や心の痛みに寄り添うことを専門とする看護学を学んだ人間がいるということは、大きな意義を果たすと思います。今、岩手県でそれを実現できるのは、岩手県立大学だけです。

もし、県立大学から養護教諭養成課程がなくなれば、岩手の養護教諭は他県の大学で学んだ人が大半を占めると思います。それが駄目だという意味ではなく、「岩手で学び、岩手で働く」選択肢を残してほしいと思っています。私は岩手県出身ですが、岩手で働いているのは、「自分を養護教諭として育ててくれているのは岩手の教育だから」という気持ちが強くあります。これは働いてからだけではなく、県立大学時代からの積み重ねで生まれた気持ちです。今学んでいる後輩たちの中にも同様に感じている人もいると思います。その気持ちを温かく育て、継承していけたらと思います。

全国的にも岩手県は教員採用が厳しい状況にあります。そのため臨時採用になって働くことを躊躇《ちゅうちょ》したりやむをえず途中で辞めたりする人もいます。養護助教諭として働いてきた4年間、自分の至らなさに泣いたり悩んだりすることも多く、もう辞めようかと思ったこともありました。それでも毎日生徒と過ごせること、養護教諭として働けることをうれしく思う気持ちは変わっていません。卒業生として、これからも県立大学を応援したいと思っていますし、自分も県立大学の名に恥じぬように成長していきたいと思います。

胸を打つ内容である。

引き続き私が「養護教諭養成の歴史的視点からの要望」と題して、さらに、福士典子が「養護教諭の実態―看護学部で養護教諭を養成する意義―」、竹﨑登喜江が「県立大学卒業生の状況」、川原詳子が「現職養護教諭にとって看護学部が果たしている役割」と題し、養護教諭の資質の向上についての研修や専修免許の取得が本県で可能であること、現職養護教諭への専門性を発揮出来る拠点として役割を果たしていただいていることなど、それぞれに養成存続の必要性を訴えた。

この日提出した資料は次のとおり。

①全国養護教諭養成機関　②北海道・東北地区養護教諭養成大学　③岩手県養護教諭採用状況　④岩手県立大学看護学部養護教諭1種免許履修者及び就職状況　⑤年度別岩手県立大学看護学部大学院（養護教諭）修了生　⑥修士学位論文（養護教諭）研究領域・県教委派遣者数　⑦養護教諭年度別年

齢構成（退職者数の推移）⑧岩手県における養護教諭養成のあゆみ。

また、竹﨑登喜江教授が看護学部へ提出した資料は、①現職養護教諭大学院博士課程（前期）入学者数 ②同（後期）入学者数 ③岩手県立大学看護学部専修免許認定講習会経緯 ④現職養護教諭等に対する竹﨑の貢献状況 ⑤教育職員免許状取得に関する業務等々である。

参考までに、私が要望した内容をここに紹介する（表記を一部変えた）。

1　4年制の養護教諭養成所認可第1号である岩手県養護教諭養成所は、当時の山中吾郎教育長が掲げる質の充実を願って創立されました。その流れを汲み養成の機関は異なっても継続して養成され、現在大学教育に引き継がれています。この歴史的養成の流れをここでストップさせることがないようにお願い致します。

2　昨今、児童生徒の心身の健康を守り、安心・安全を確保するために専門職としての養護教諭に対する期待は大きく（カウンセリング能力や健康問題解決のための指導力に加え、学校内外の関係者との連携・協力、その為の企画力・実行力・調整能力など）、その資質の向上が急務であり、地元大学教育へ期待するものです。

3　県立大学において初代の養護教諭教育に関わり、たびたび文部科学省に足を運び、カリキュラムの検討を重ねてまいりました。今ここで養成をやめると再度立ち上げることは至難の業と考えます。県内の他大学には養成機関はなく、東北地区をみても看護学部での養成は宮城県以外にはない。さらに大学院での教育が受けられ専修免許の取得ができることなどは、入学生募集の目玉になっています。この火を消すことのないようにお願いします。

4　養成がなくなると他県で学ぶことになり、県民の経費の負担、人材の流出などが考えられます。入学生のためにも現職養護教諭のためにも、ぜひ地元での学習環境を継続していただきますようお願い致します。

5　5年後には養護教諭の退職者が増えますので採用が多くなります、また複数配置校も徐々にではありますが増えてきております。必要なときに必要な人材を地元から供給できますように願っています。

その他

養護教諭の採用がないことが問題になっているようですが、1期生に見る通り6～7年間看護職につき、卒業9年目（平成22年度）に3人そろって本採用になりました。卒業時点の採用数だけでは評価しがたく、長期的視点での教育評価をお願い致します。

岩手県学校保健会養護教諭部会による要望書

平成22年12月28日午前、県学校保健会養護教諭部会長の川嶋範子が、県立大学看護学部長安藤広子教授とやっと学部長室で面会することができた。

「保健師助産師看護師法の改正により取得単位数が増加するため、養護教諭養成のカリキュラムを組むことが難しくなった。県では県立大学教員の定数削減を言ってきている」

安藤は「養護教諭養成コースが廃止される公算が強い」と報告した。

それを聞いた川嶋会長は愕然《がくぜん》とした。寝耳に水である。とり急ぎその日の午後には県教委や県医師会、岩手県教職員組合（岩教組）など関係機関、関係団体に連絡した。

これを聞いた私もまた、自分の耳を疑った。

平成23年（2011）が明けた。

私は養護教諭養成の道が絶たれるのではないかという不安が先に立ち、正月気分を味わうどころではなかった。そこで自分の思いを込めた手紙をしたため、1月4日（一部6日）、資料を同封して郵送した。宛先は相澤徹理事長、安藤広子看護学部長ら4人である。内容については前述の原稿と重複する部分があるので省略する。

同じ4日、川嶋範子会長は関係機関、関係団体を訪ね、状況を説明した。その後、数回の臨時事務局会議、緊急役員会を開き、13日には岩手県学校保健会養護教諭部会から中村慶久県立大学長に要望書を提出した。

岩手県立大学看護学部における養護教諭養成の継続についての要望

【要旨】

岩手県で唯一の養護教諭養成機関である岩手県立大学看護学部において、養護教諭養成の継続をお願いいたします。

【理由】

・現在、子どもたちの健康問題は多様化・深刻化しており、学校保健活動推進の中核的役割を果たす養護教諭には資質の向上が求められています。

・岩手県は昭和24年に全国に先駆けて4年制の岩手県立養護教諭養成所を創設し、多くの養護教諭を輩出しており、その先取の取組みが岩手県立大学看護学部において引き継がれてきております。

・県内唯一の養護教諭養成機関であるとともに、現職養護教諭の研究推進の拠点であり、研修研鑽《けんさん》の場となっています。

・現職養護教諭が大学院で学ぶ環境を全国でも逸早《いちはや》く整えていただいており、修了生は研究活動の核となり研究推進に尽力しています。

・養護教諭専修免許状を現職養護教諭も取得することができ、今年度も免許法公開講座（養護教諭専修免許状）を開講していただいており、専門的な力量を高める機会となっています。

・資質向上が急務である今、養護教諭の職務を科学的に検証・理論化できる研究・研修の場として貴大学に寄せる期待は益々大きくなっています。

1月24日には、有志が集まり小西和子県議との懇談が行われ、支援を要請した。要請する側の主な出席者は、県高等学校教職員組合（高教組）執行委員長の上田高をはじめ、県学校保健会養護教諭部会会長川嶋範子、副会長川島玲子、同副会長入駒一美、同事務局長小山田ヨシ子、同事務局（高教組）滝田くみ子、退職養護教諭会会長浅田和子、副会長遠藤巴子。

懇談では忌憚《きたん》のない意見が交わされたが、結論までには至らず、「きちんとしたルートできちんと実情を伝えること」「養護教諭は現場の声を出し合うこと」など当面の方針を確認しあった。

県両教組協議会による要請

この間、平成23年1月17日には、岩手県両教組協議会（県教職員組合と県高等学校教職員組合）が県教育委員会に要請書を提出した。

「岩手県における養護教諭養成の継続と充実を求める要請」

（前略）岩手県は１９４９年（昭和24）、全国に先駆けて養護教諭の質の充実を目的として「岩手県立養護教諭養成所」を設立しました。その意志は、県立衛生学院、岩手県立大学へと引き継がれ、岩手の子どもたちの健康と岩手の教育の進展のために力を尽くしてきました。

現在、児童生徒の健康問題は、深刻さを増し、心の健康問題への対応など養護教諭の果たす役割は高くなっており、現職養護教諭の資質の向上が課題となっています。

その役割は地元の大学教育に期待され、これまで養護教諭の県立大学大学院修了生は16人、うち現職養護教諭13人が学んでいます。県立大学看護学部は、現職養護教諭の研修の場としての重要な位置を占めています。

子どもたちが、健康で安全・安心に学ぶことができる学校教育環境の維持、そして、現職養護教諭の資質の向上のための研修と養護教諭をめざす子どもたちの学ぶ意欲をさらに高めるために、岩手県における養護教諭養成と研修機関としての継続とさらなる充実をお願いします。

記

1　県立大学看護学部における養護教諭の養成を継続すること。
2　県立大学看護学部での現職養護教諭の研修機関としての役割を継続すること。

翌18日、県庁特別会議室において、県と県立大学看護学部との意見交換会が開かれた。ただし、これは非公開であり、内容については公表されていない。

ここに記すのは、あくまでも関係者から聞いた話などに基づいたものである。意見交換会には県立大学側から10人、県側から11人が出席し、保健師助産師看護師法の改正に伴う保健師、助産師教育のあり方、養護教諭の教育課程継続の可否などについての意見交換が行われた。

同改正についての詳細は避けるが、保健師教育、助産師教育の場合、単位数の総計がいずれも「23単位以上」から「28単位以上」と大幅に増加する。これに対応するための一環として養護教諭教育の見直しが俎上《そじょう》に載せられたという構図が垣間見える。

県立大学側では「次期中期計画期間中に教員定数の削減を予定している」と前置きしたうえで、養護教諭1種免許状を対象とした教職課程に関しては、「卒業生の県内教育機関における採用実績が少ないうえ、少子化を背景に今後の採用数の増加も見込まれないことから、学内において同課程の存廃が議論されている」ことを明らかにした。ちなみに、開学以来9年間の養護教諭1種免許取得者144人のうち県内教育機関の採用は3人。

入手した情報から判断するかぎり、県立大学では養護教諭1種免許状を対象にした教育課程の廃止を前提にしており、存続は極めて困難な状況にあることがわかった。

県立大学問題検討委員会

2月3日、盛岡市の岩手教育会館において、第1回県立大学問題検討委員会が開かれた。出席者は砂金良昭（岩教組本部書記長）、田村三枝（同本部女性部長）、坂下郁子（同本部養教部長）、佐々木徹子（同本部養教部副部長）、千葉伸武（高教組本部書記長）、川島玲子（養護教諭部会事務局・岩教組）、内藤礼子（同）、滝田くみ子（養護教諭部会事務局・高教組）、菊池文江（高教組女性部常任専門委員）、遠藤明子（同）。

その結果、県立大学、岩手県総務部、県教育委員会、県議会に対して要望書を提出することを決め、要望書は養護教諭部会が作成することになった。このほか岩手日報社への情報提供も行うことで同意した。

土壇場で養成の継続が決まる

やむにやまれぬ思いで県紙に投稿

情勢は依然として厳しいままだった。県立大学や県などの対応を見るかぎり、「99％以上、養護教諭の養成継続は不可能」という話を養護教諭部会川嶋会長から受けていた。それでも一縷《いちる》の望みに賭けるしかない。

私は何となくデジャビュ（既視感）のような感覚になった。

「これと同じことを前にも見たような気がする」

それが何であるかはすぐにわかった。

かつて看護大学の公立での創設運動が展開されていたとき、いったんは可能性がなくなったと思われたものの、土壇場の大逆転のようなかたちで県立大学が実現された。あのときの状況とどことなく似ているように感じられたのである。

私は思った。今回も関係者の熱意と世論で県立大学の方針を何とか考えてもらえるのではないか。養護教諭として半生を生きてきた私にとって、養護教諭養成がなくなるのを黙って見ているわけにはいかない。使命感に突き動かされるように、同志とともに存続運動にとりくむことにした。まずは県学校保健会養護教諭部会や退職養護教諭会としての立場を鮮明にするために意思の疎通をはかった。

県立大学の創設運動のときには県紙などに掲載された県民の声が大きな後押しとなった。私はこのまま手をこまねいても埒が明かないと思い、岩手日報の「日報論壇」に投稿した。くしくも組合の検討委員会で岩手日報への情報提供を決めた翌4日、私が投稿していた原稿が掲載された。ここに全文を転載する。

県教委は1949年、医療機関の無いへき地の児童生徒の健康を心配し、質の充実した養護教諭を学校に輩出するため県立養護教諭養成所を創設しました。全国初の4年制養成機関として注目されました。その後、県立衛生学院等において養成は継続され、現在、県立大に引き継がれています。

しかし、この度、卒業生の県内での採用が極めて少ないことや大学の厳しい財政事情などにより、養護教諭養成の存続が危ぶまれているとのことです。

1月15日の本紙に、盛岡市内の中学3年男子が自宅マンションから転落して死亡するという悲しい報道がありました。

昨今、児童生徒の健康問題は深刻化しております。肥満や不登校、いじめ、自殺願望、自傷行為、拒食症などは現代的な心の健康問題に及んでおり、日本学校保健会は医学的問題を背景に持つ場合が多いことが明らかになりつつあるとしています。

従来、養護教諭は専門学校で養成されていましたが、現在は大学教育が主流になっています。教育立県を掲げた故工藤巌知事は、49年当時の故山中吾郎教育長の思いをくみ、県立大にその要請が位置づけられました。今では全国の養護教諭養成大学91校のうち47校が看護系大学であり、他に教育系、福祉・家政・体育系などでも養成されています。

現在、東北における養護教諭養成大学は８校。そのうち看護大学は２校（本県と宮城県）です。多様化している児童生徒の健康問題に適切に対応するため、看護学部で学んだ養護教諭への期待は高まっています。

このような状況下において、本県の養護教諭の養成および現職養護教諭の研修の場が無くなると、養護教諭の質の低下につながることはもちろん、児童生徒の健康の保持増進にも影響が及びます。背後に子どもたちがいることを忘れないでほしいと思います。

文部科学省は、養護教諭の新たな役割としてヘルスカウンセリング等を掲げ、専門性と保健室の機能を最大限に生かして、心の健康問題にも対応した健康の保持増進を実践できる資質の向上をあげています。その具体策として、保健指導等に関する実践的な指導力の向上、企画力・カウンセリング能力の向上と充実、同時に複数配置の促進を図る必要があるとしています。

本県に養成機関が無くなると、現職養護教諭に欠かすことのできない研修を他県で受けなければならず、困難と遅れを生じます。岩手の地域性に鑑み、いち早く全国に発信した岩手方式による看護をベースとした養護教諭養成の灯を、ここで消すことのないようお願い致します。

（平成23年２月４日付）

予期せぬ逆転劇

2月8日、浅田和子（退職養護教諭会会長）、遠藤巴子（同副会長）、オブザーバーとして川嶋範子（現職養護教諭部会会長）、入駒一美（同副部長）とともに県立大学を訪れ、副学長の武田利明、瀬川純に請願書を手渡した。

これ以降、退職養護教諭会会長とともに県議会を訪れて陳情することにしていた。すでに前年12月の時点で県議会議員に請願しており、場合によっては紹介議員の名を連ね、県議会に請願を提出する運びとなっていた。

だが、その場で予期せぬことが起こった。

「当面の間、養成を継続します」の回答であった。

思ってもいなかった回答だった。

にわかには信じられない思いだった。話し合いのなかで「養護教諭の実践活動・研究活動を学会などで積極的に発表してほしい」との助言があった。

川嶋会長は、「養護教諭は全国の養護教諭連絡協議会とのつながりで調査・研究活動、研究協議会・研究大会・研修会などに参加して発表・研鑽していること、県内では学校保健会養護教諭部会等で地区ごとに研究活動を行っていること」などを報告した。

とにもかくにも私たちは、これまでの努力が報われたことに安堵した。

昨今、岩手県の養護教諭の退職者が増えたことに伴い、平成24年ごろから徐々に採用者数が増え、県立大卒業生の新採用者も年々増加している。もしもあの時点で県立大の養護教諭養成が途絶えていたら、すべて他県に頼らねばならない状況になっていた。私たちの要請が間違っていなかったこと、有意義な活動であったことを改めて強く感じる。

第7章　出会い

矢羽々京子先生〈1932－　〉

岩手県難病・疾病団体連絡協議会副代表理事、てんかん協会岩手県支部副代表

養護教諭として初任地の普代小学校で働き始めたころ、学校1人の専門職であることを自覚し、孤独ではあったが初心を失うことのないようにと努めた。日々の活動をとおして勉強をしなければと思っていたとき、矢羽々先生の初任校だった栗林小学校での研究資料に出会った。その資料に準拠して初めて研究資料を作成することができた。この経験により研究の必要性を痛感させられた。あれから半世紀以上経ったが、現在も多方面で行動的に社会活動をしている先輩の後ろ姿に生きる力をもらっている。

福田邦三先生〈1896－1988〉

東京大学医学部教授・山梨大学教授、同名誉教授、医学博士。

小学校の養護教諭から岩手県立盛岡短期大学に異動したあと、私は「小学校での勤務内容はあれで良かったのか」と自問自答していた。その思いを月刊誌「保健の科学」に投稿した。ある日、突然、同誌の編集委員を務める福田邦三先生が同大学を訪れ、「用務で近くに来たので」と言って来学された。

思いもよらないことだったので、びっくりした。先生からいろいろと指導を頂き、その後、2編ほ

ど同誌に拙稿を掲載させてもらう機会に恵まれた。尊敬する先生に直接会うことができて緊張したが、その後、専門職としての姿勢や養護教諭の職務を意識して実践するようになった。児童生徒の健康問題に働きかけ、その反応に気づき、記録に留めておくことの大切さを学んだ。最近、福田先生は、兼松百合子先生が東京大学医学部衛生看護学科学生時代の学科主任で、「看護のレベルアップを目指すキッカケを頂いた先生であった」と、ある兼松先生の寄稿文で知った。

今、不思議な縁を感じている。

あるとき、先生の勤務先である東京大学で会う約束をしていたが、先生は「足の小指を骨折したので、自宅に来るように」と連絡をもらった。

自宅を訪れると、「これくらいの骨折は放置していても、すぐに治るから」と平然としたお顔で話す先生に、再度びっくりさせられた。その日、奥様から当時東京にしかなかったヨックモックのクッキーを頂き、口にした。今でもその味が忘れられず、見つけるとすぐに買い求めては、亡き先生の遺徳を偲んでいる。

角田文男先生〈1930―　〉

岩手医科大学衛生学公衆衛生学教授、同名誉教授、医学博士、日本学術会議会員（1997～2005）、平成22年度盛岡市市勢振興功労者表彰。

岩手県立盛岡短期大学において、なかなか自分の居場所を見つけられないでいたとき、岩手医科大学衛生学公衆衛生学教室での勉強会や福島県内の小学校での泊りがけの児童の計測や酪農家の労働負担調査などに参画させてもらい、公衆衛生学的視点からの健康づくりを学ぶ機会となった。幸いにも研究生として直接教えを受けることができ、学会の抄録や論文作成時の添削、指導を仰いだ。多忙で疲れていたときでさえも、細部にわたって丁寧に指導してくださる先生の側にいて、自然と意欲がわいてきたものである。地域にある学校、家庭、そこで生活している児童生徒、教員、保護者、医療機関等の地域連携は有機的な関係性を有し、個々のそして地域の健康づくりにつながっていくことを実感した。

短期大学の貧血検査では、教室員の協力で検査ができたうえ、その成果が認められて予算が計上されるに至った。短期大学における研究のほとんどは先生の指導によるところが大きく、示唆に富んだ教えは今も生き続けている。

杉浦守邦先生〈1921—2015〉

山形大学教授、同名誉教授、京都蘇生会総合病院副院長、同名誉院長、医学博士、医学史家。

先生との出会いは、昭和38年（1963）の岩手県養護教諭研究大会においてである。先生の特別講演「救急養護学」に続き、私が「保健室と救急養護の実際」について述べた時から懇意にさせてもらった。

その後、平成20年（2008）に先生が「東北地方に見る黎明期の養護教諭養成」の研究を行うにあたり、岩手県については私が担当することになった。私はすでに退職していたが、資料収集やインタビュー調査など、研究の進め方について学ぶ機会を得たうえ、学校保健関係の学会にもご一緒させてもらった。

また、先生が長年勤務した山形大学を退職後、副院長をしていた京都蘇生会総合病院を訪れることができた。同病院で立ち働く先生は、それまでとは違い医師としてのオーラを感じるものだった。その後、岩手県の養護教諭養成の歴史をまとめたときには先生から手紙をいただいたことで改めて達成感を味わった。

兼松百合子先生〈１９３４―２０１６〉

岩手県立衛生学院保健婦養護教諭科主任、千葉大学教授・岩手県立大学看護学部教授、同名誉教授、看護学修士（カリフォルニア大学）。

養護教諭が学校において「一段低く」見られていた時代、私は専門職を理解してもらうための資質の向上・研修が必要であることを思い続けてきた。

私が兼松先生に出会ったのは、岩手県立盛岡短期大学に勤務していたときである。先生は日頃の実践活動を熱心に聞いてくれて、話しているうちに次のステップが見えるようになりそれからの自信に繋がった。そのような経験が何度もあった。そうこうしているうちに「一段低い」との思いはどこかに消えていた。日々、研究的に実践活動を展開することの意味を教えてもらった。

盛岡市の保健師吉田ゆりたちが立ち上げた金曜会（退庁後の勉強会）にも二人のお子さんをつれて顔を出し、指導してくれた。岩手県立大学看護学部の誕生前、大学開設準備委員会が発足したとき、先生は委員として迎えられた。その後、私は同大看護学部で勤務したが、兼松先生には言葉に言い尽くせないほどの教えを受けた。特に専門職としての生き方を先生の真摯な姿を通して学べたことはとても意義深く、その教えはかけがえのない心の財産として私の支えになっている。

立身政信先生〈1951―　〉

岩手医科大学衛生学公衆衛生学講座助教授、岩手大学健康管理センター教授・同センター長、同名誉教授、医学博士、岩手県予防医学協会医師（産業保健支援部長）。

岩手医科大学衛生学公衆衛生学教室で学んだとき、立身先生は大学院生だった。あるとき葛巻町の酪農家で労働負担調査を実施することになった。調査では1人の酪農家に1人の調査員がついて、1日の生活時間・労働時間と行動を記録することになっていた。宿泊しての調査だったが、私も同行して調査に加わった。そのときの経験がのちに保育士の行動調査をするときに役立ち、手法などを活用させてもらった。

また、平成10年、県立大学の創立と同時に発足した岩手看護短期大学専攻科の時舘千鶴子教授は、保健所・市町村の保健師に呼びかけ、退庁後の時間帯で「ヘルスプロモーション学習会」を立ち上げたが、行ってみると講師は立身先生だった。ヘルスプロモーションを学びたいと思っていた私は、何度か参加させてもらった。

　退職後、岩手大学で立身先生が理事長を務めるＮＰＯ法人ヘルスプロモーション岩手が開催する「ヘルスプロモーション学習会」に参加している。参加者は医師、保健師、看護師、行政担当者、栄養士、歯科衛生士、さらには健康づくりに関わる太極拳や気功、笑いヨガの指導者など実にさまざま。それだけにヘルスプロモーションを実践している人たちの発表はいずれも示唆に富んでおり、毎回、新しい発見や驚きがある。

第8章　寄稿

退職養護教諭

昭和30年から

岩手県難病・疾病団体連絡協議会副代表理事　矢羽々京子

岩手県立養護教諭養成所第3回卒業生10名は、昭和30年4月から県内小、中学校に養護教諭として配属された。私が赴任した栗林小・中学校は栗橋村立であったが、その年の4月から釜石市と合併していた。着任挨拶に伺った診療所の医師は「聞くところによると医療器具を備え、あなたは何をしに来たのですか」と詰問され、前途多難を予感した。その頃児童生徒の回虫卵保有率はほぼ100％で、その検査と駆除のための投薬も任されていた。本務以外に小学校教員の産休補助として、中学校では教科（英語ほか）の担当など、多くのことを経験した。教員不足の時代であった。

昭和36年度から県立高等学校に、はじめて7名の養護教諭が配置された。県内を7ブロックに分け、各ブロックに1名で、例えば盛岡地区の場合盛岡一高を本務校として盛岡二高、盛岡三高などが兼務校であったと記憶している。私は昭和37年に盛岡工業高校に転任し、沼宮内高校と平舘高校の二校を兼務発令を受けたが、実際に勤務することはなかった。

昭和53年に岩手県立青山養護学校松園分校が開校し赴任した。元は、盛岡市立緑が丘小学校の分教室として発足したという。その頃は結核療養が最も多かったと聞いている。隣接の「みちのくみどり学園」に入園・入院している病・虚弱児が通学してくる。医療と教育の連携は、これまで経験したことがない場面が多々あり、毎日のように新しい課題をつきつけられる緊張の10年間であった。しかし多くを学ばせていただき、後述の難病相談支援員としての基礎を学ぶことができたと思う。

平成5年1月に、岩手県は「看護大学教育に関する懇談会」を発足させ、4年制看護大学設立の動きが見えてきた。一関市をはじめ近隣の市町村合同で、岩手県立での設立を陳情する動きもあった。しかし平成4年暮の県議会決算特別委員会は「県立での設置は事実上考えていない」と表明された。さらに岩手医科大学に対し、設置主体としての実現性を打診しているとも報じられていた。私はいそぎ一市民としての要望を伝えるべく、岩手日報論壇に「看護大学は公立を」と題して投稿した。多くの方々が公立の看護大学の設立を希望していることを側聞《そくぶん》していたからである。看護師を希望している多くの県内出身の生徒たちの諸事情を推測するに、公立が望ましいと考えた。平成5年10月1日県議員会館を有志で訪問し「看護大学は県立で」と佐々木俊夫議会議長に請願書を提出した。

平成12年5月に「岩手県難病・疾病団体連絡協議会」（岩手難病連）が設立された。当初は「スモンの会」など5団体であったが、現在は33団体が加盟している。平成15年秋に県保健福祉部から「難病相談支援センター」の業務を委託したいとの申し出であり、その年の11月から相談支援員2名で受託することになった。年間２０００件余の相談が寄せられる。難病患者さんは発症して診断が確定するまでに多くの時間を要し、急性期以外は家庭で療養しながら生活している。そのような困難の中にあってこれまでお会いした難病患者さんたちは実に真摯に、豊かな感性をもって生活しておられることに、心から敬意を抱いています。

さて、これからもまだ成すべきことが三つほど。さかのぼれば養護学校のころ、10数名のてんかん患児が在籍していた。発作にうろたえて充分なケアができず、研修の必要を痛感することしきりであった。公益社団法人日本てんかん協会主催の「てんかん講座」を東京で度々受講し、協会会員となった。協会が最も力を入れているのがこのような啓発事業である。「わかって下さい　てんかんを」をモットーに、岩手県支部も「てんかん市民講座」を長年にわたり年2回ずつ開催してきた。しかし一般市民のてんかんに対する認識はどれほど改善されているであろうか。

さらに今年（平成29年度）は、就職をめざす青年たちへの応援として、企業対象の『てんかん講座』を計画している。就労を希望するということは本人にとっても、また受け入れる企業にとってもハードルが高い。まず『てんかん』に対する知識不足と偏見がある。発作に伴って事故にならないか、そのときの対処のしかたがわからないなど受け入れる企業側の不安の解消があげられる。一方本人は自己管理の意識をもち、企業側の信頼を得ることが職場定着の要であろう。啓発事業の新しい展開となる。

二つめは、「小児慢性特定疾病児童等自立支援センター」事業を岩手難病連が受託し、平成28年2月から支援員2名を配置した。小児難病の子どもたちは、保育園や幼稚園、学童期、中学校そして高等学校と病気と共に成長し、青年期次いで社会参加へときびしく長い道のりがある。病児への支援が有効に機能するためには、スタッフの資質や力量、ハード面では遊びのスペースを確保するなどして、支援の質を高めていきたい。

三つめは障害者生活介護事業所において、支援の質の向上に向けた評価へのお手伝いをすることになった。まったく言葉をもたない重度の知的障害者の行動に寄り添いながら、週一日職員と共に支援のあり方を研さんして行こうと、私のとり組みが始まった。テーマは「ケアからエンパワーメントへ」、現場の職員との共同作業が鍵と思われる。見透しは明るくない。

昭和30年から養護教諭として、さらにその後の道のりをふりかえってみて、多くの人々に支えられ、教えを受けて今日に至ったことを心から感謝申し上げたいと存じます。

※矢羽々先生は、日本てんかん協会岩手県支部「波の会」の立ち上げに貢献し、現在も副代表を務めている。

私の養護教諭人生

岩手県退職養護教諭会会長　浅田和子

「和子さんは大きくなったら国語の先生になるんだね」「はい、そのようにがんばります」小学校四年時の担任教師との会話である。私の将来像はそこから始まった。

高校三年、進路選択の時期、三歳年上の姉が短大卒業して、教師を目差していたが、なかなか本採用されず、臨時教員として数ヶ月単位で転々と職場を変えて勤務していた。

当時、旧建設省官吏の父は定年退職を間近に控え、一年たりとも就職浪人は許されない家庭状況にあった。

その頃、近所の若い女性が清楚な姿で職場に出勤する姿を度々目にしていた母が、自分の娘の将来像と重ね合わせていた。その方は当時、岩手県立盲学校の養護教諭、木皿タミ先生だった。私の進路は養護教諭と決めた。

養護教諭養成所は、高等看護学院三年、岩手大学学芸学部一年、計四年大学卒、普通教員一級免許状という募集要項に迷わず願書を提出した。

その頃、私と同年齢の従妹《いとこ》が岩大受験のため、わが家を宿にしたいという連絡が入った。「どうせなら和子も岩大を受けてみるか」の母の一声で、小学生時の恩師と交わした会話を想い出し、急遽《きゅうきょ》、岩大受験の準備をした。

両方受験し、両方合格したが現実的に養護教諭の道を選んだ。養護教諭養成所を卒業し昭和三十六年、岩泉町立小本中学校を振り出しに、巻堀小→盛岡中野小→月が丘小→杜陵小→城南小と三十八年間、養護教諭の道をひたすら歩んできた。その勤務の中で私が最も力点を置いてきたのは組織活動である。特に初任校は海岸沿いの半農半漁の町、中学校は一校のみ、生徒会の保健委員会が中心となり、学校医、ＰＴＡ、町内会役員に働きかけ、学校保健委員会が設立された。なんと、その時の生徒会保健委員長が後に県内の養護教諭として活躍している。

昭和五十九年、杜陵小勤務の時、岩手県学校保健会養護教諭部会（会の名称は歴史的に変遷）の第五代会長として三年、平成六年から八年までの三年間を第九代会長として務めさせていただいた。勿論、その時代の社会現象に応じて養護教諭に求められる執務内容も変化発展し、相談活動やカウンセリング講座など、県内は勿論、中央にも積極的に出向いて研修を積んで来たつもりである。特に学校保健研究会の創設者故佐々木新市氏の功績は大きい。

しかし、この養護教諭の道程の中で、結婚し、家庭をもって、子どもをもって、仕事との両立に悩んだこともある。当時は現在のような保育所など皆無の状態、交通の便も悪く通勤に苦労したことが走馬灯のように思い出される。さて、私の養護教諭人生を豊に過せたこと、養護教諭養成所教員平井たか先生に感謝、そして木皿タミ先生に感謝である。

養護教諭を振り返って思うこと

一関工業高等専門学校カウンセラー　川原詳子

退職して早いもので九年が過ぎました。養護教諭の仕事を通して、いろいろなことを身につけることができたことに感謝しています。印象に残っていることをあげると仲間との学びについてです。一つ目はカウンセリングの研修を必要に迫られ、仲間と一緒に当時岩手大学に助教授として勤務されていた河村茂雄先生から学ぶことができたことです。先生から「これからの養護教諭は資格をもっていることが必要になる。」と指導を受け「学校心理士」と「上級教育カウンセラー」の資格を取得することを教えられ指導をしていただきました。勤務終了後仲間と一緒に岩手大学に通い、資格を取得することができました。二つ目は大学院への入学です。日々の執務に追われながらも記録をとり、職員と連携し、仲間との情報交換をしていましたが、実践を研究としてまとめる学びをしていませんでした。そんな時に岩手県立大学の看護学部に大学院が設置され、現職養護教諭が県から派遣されること、同時に社会人枠でも受験できることを知りました。実践を研究としてまとめてみたいと思っていたことと、看護学校時代の恩師である故兼松百合子先生からの薦めもあり、大学院修士課程を五十六歳で受験しました。入学式では「保護者の方はあちらです。」と言われたことを覚えています。入学に際しては勤務校の管理職が理解があり、県教委への届け出や年次休暇についても承諾していただきました。週三日間の通学は火曜日2時間の年次休暇、金曜日は30分の早退、土曜日ということになり、一関から滝沢まで高速で通学しました。職場の方々の理解と協力もあり続けることができました。また仕事の関係で欠席も多くありましたが、大学の先生方の配慮や励ましがあり、日曜日にも教えていただきました。研究テーマは勤務校で実際支援している生徒を通しての研究をするように指導を受け「養護教諭による食行動に問題のある生徒への支援」とし、県立高校の養護教諭の方々からアンケートやインタビューの協力を得てまとめることができました。このように多くの方々のお陰で2年間の修士課程を終えることができたことは、今でも嬉しく思い出されます。

また、学んだことを後輩の指導にも役立てることができました。

この研究をしたことと、資格を取得したことで、退職後は、人権擁護委員を務め子どもの人権に関する活動の成果を上げることにもつながりました。

また、取得した「学校心理士」や「カウンセラー」の資格を活かして現在もカウンセラーとして週2回、一関工業高等専門学校に勤務しています。

後輩指導として、昨年度までに三人の新採用の養護教諭の指導もさせていただきました。

振り返ってみると、困った時には必ず助けてくれる人がいるということを実感しています。後輩の方々に望むことは、自分に与えられたチャンスには挑戦し、必要と思ったら行動してほしいということです。

そして、「仲間を大切にすること」「学び続けること」「楽しむこと」を忘れず、仲間を作り、共に学び続け、後輩を育て成長しながら、自分の楽しみも加え、常にこども達の幸せのためにプロとして勤務していただきたいと願っています。

退職した養護教諭として、これからも後輩の活躍を心から願い応援していきたいと思っています。

退職して10年の今について

専修大学北上高等学校・一関修紅高等学校スクールカウンセラー　大越恵子

定年退職まで数年の時に、発達障害の生徒と関わり、どう接していいかわからず不安でいた時に、専修免許取得する為に岩手大学教育学部で教育心理学を学ぶ機会に恵まれた事が私にとって、とても幸運でした。

勤務を終えて、週３日の通学は、養護教諭仲間５人で一台の車に同乗させていただき、夜の講義を受け２年間通いました。仲間は年代がバラバラで、今思うと単位取得が目的でしたが、それぞれの学校で共に生活している生徒に対して、発達段階をふまえた専門知識と技能を備え、個別、集団指導を可能とする為の学びを求めていたと思います。

私の場合は、毎日保健室に来室する発達障害生徒に対して、何をもって指導援助すべきか、担任をどう援助していけばいいのか、保護者へは、周りの生徒達との調整、職員間での共通理解方法はどうしたらいいのか、その日、その日にぶつかる問題に対して学びたい一心でした。

発達障害についての学びは、とてもうれしく、一緒に学ぶ仲間達に助けられ、支えあった2年間は大切な時間でした。

大学で指導を受けた河村茂雄先生との出会いで、学校心理士、上級教育カウンセラーの資格取得が、退職後にスクールカウンセラーとして働けるなんて当時は考えておりませんでした。もちろんですが、発達障害生徒への支援について、入学から卒業までの3年間の記録を実践研究論文としてまとめました。当時岩手大学におられた河村茂雄先生、武蔵由香先生には、他の生徒さんより時間をかけて論文指導をして頂き感謝しております。

退職後に私立高校のスクールカウンセラーとして働く事になり6年目です。

私の一番の理解者は、当時学び合った5人の仲間です。一生の友と言えます。

カウンセラーとして働いて感じる事は、年々生徒の相談内容が多様化している事です。

心理に関する学会に参加していると学ぶ事がたくさんあります。一人での学びは限界がありますが、現職、退職の仲間での学びが続く限り働けるであろうと思っております。

養護教諭の職務の中で、コーディネーター的立場や役割があります。チーム援助は、人と人とのつながりです。どの様な相手に対しても、まずは相手を肯定的に見る姿勢が援助者に求められ、話し手が「わかってもらった」と実感する必要があり、そこにカウンセリングの基本技法が重要となります。

私は、日々保健室でこれを実践しているのが養護教諭だと思います。

私の次にバトンタッチ出来る養護教諭に期待してます。

現職養護教諭

大きな世代交代の時期を迎えて

岩手県学校保健会養護教諭部会会長　谷村純子

平成27年5月に多くの先輩方の思いと実績を背に負いながら、会長職を引き受けることになりました。重責ではありましたが、本当に貴重な経験をさせていただいたことに感謝しております。私たち養護教諭の〝子どもたちの心身の健康や命を最前線で守る〟という普遍的役割はいつの時代でも変わりはありません。しかし、子どもたちを取り巻く生活環境が大きく変化し、子どもたちの心身両面にかかわる様々な健康課題に対応するには、常に新たな知識や技能などを習得していく必要があります。

様々な職種が学校に入り、それぞれの専門分野で活躍する中で、本当の意味で養護教諭の真価が問われている今、「チーム学校」の一員としての役割を果たすために、教育職としての自覚を持ち、学ぶ姿勢を持ち続けることの重要性を再認識した2年となりました。

私事の経験から、学ぶことや研究を続けることは、時間の制約があったり、力量のなさや偏りを痛感させられたりはしますが、実践知を高めることや新しい知識やスキルを獲得できること、また仲間との協働による繋がりを通して、互いに学び合える貴重な機会にもなりました。何よりも子どもたちの意識や望ましい行動の変容は、さらなる学びへの意欲にもつながるものともなります。

一人ひとりの学び続ける姿勢が「職務の標準化」のレベルアップにつながり、さらには、会員同士による実践交流を通じ、学び合い・成長し合い・支え合うことが、岩手の確かな養護教諭集団を作り上げ、発展させていくのではないかと感じています。

本部会では、平成28年度節目となる第40回の研究大会を開催しました。さらには実践研究に関する研修会も平成29年度10年目の節目を迎えることや、特別委員会としての東日本大震災支援対策委員会の活動の継続、部会運営に関してよりよい方向へのあり方等について検討を重ねて参りました。

大きな世代交代の時期を間近に控え、私たち養護教諭は、諸先輩方が培ってきた歩みを次の世代へ引き継ぎながらも若い世代の良さを活かし、保健室のある意味やそこに養護教諭がいる意味を自問自答しながら、子どもたちの健やかな成長のため、日々研鑽を積んでまいりたいと思います。

岩手県養護教諭部会事務局の思い出

岩手県立一関清明支援学校副校長　入駒一美

私は、初任である盛岡北高校で1回目の事務局を経験した。その際には、今からするとパソコンがまだまだ高価な時代で、保健主事が150万円で購入したと自慢していた。当然、文書もまだ手書きのものもあり、会員名簿も毎年相当の労力をかけて作成していた。会議も勤務終了後や休日など、手弁当のものも多かった。それでも、先生方の養護教諭の資質向上に対する情熱は熱いものがあり、先輩の先生方からたくさんの労苦を聞かせていただいた。浅田和子先生の1回目の会長の時代であったが、会長職の担う重さを側から見て身が引き締まる思いだったことを覚えている。

時を経て、平成21年度から22年度（翌年度６月の総会をもって引き継ぎ）の事務局を再び担当し副会長の任に就いた。会長は川嶋範子先生で、前年度まで副会長であったことから引き継ぎもスムーズになされ、順風のスタートであった。以前の事務局とは異なり、会議時間等も改善されたり、事務連絡もメール等を活用したり会員の先生方との距離感も随分と近くなったように感じていた。

ここで、岩手県の養護教諭養成を語る際に必伝《ひつでん》なのが、岩手県立大学看護学部であろう。そこでは、選択で養護教諭の一種免許を取得できる。看護師をベースとして、保健師・助産師国家試験受験資格・養護教諭一種免許状を取得できるシステムとなっていた。しかし、保健師・助産師の関係法改正により上乗せの二つの免許を同時には取得が厳しくなったこと、指導する教員定数の関係、養護教諭の県の採用数が少ない現状などから養成の意義に疑問が生じていることを理由に養護教諭の養成廃止論が出ているという情報が入ってきた。

そこで、養護教諭部会としては元県立大学教員であった遠藤巴子先生、元養護教諭部会会長・退職養護教諭会会長である浅田和子先生、元養護教諭部会会長の堀篭ちづ子先生などが個々のネットワークを駆使して養成存続必要性の意思表明と協力要請活動を行った。事務局は現職故に直接の大きな動きはできないが、同じように情報が入っていた組合（岩教組・高教組）と情報共有し、岩手県議会議員の小西和子先生との懇談を行ったりした。加えて、遠藤巴子先生は岩手日報に投稿し世に必要性を示した。この他、表には現れていない個々の活動が実を結び、正式な養成廃止の案は表舞台に提出されずに済んだ。

この一連の騒動?!では、むしろ養護教諭部会として一丸となって課題に取り組んだ経験となり、先輩の先生方と養護教諭を応援してくださる人脈、川嶋会長の指揮とにより乗り越えられたと思う。

そして、二度目の県養護教諭研究大会を終え引き継ぎを残すばかりの事務局体制に、あの東日本大震災津波が起きた。想像を絶する仲間たちの状況に事務局としてできることはなんだろうかと、事務局員がそれぞれ被災地を訪問し、ニーズを模索した。それが現在の東日本大震災支援対策委員会に引き継がれている。

今後、「チーム学校」の時代において、養護教諭部会は会員の資質向上に向け果たす役割がますます重要になってくると思う。一人一人の力では不可能なことも県内約700名の会員が同じベクトルで力を結集すれば、次の大きな山が訪れても解決できると信じている。まさに、「養護教諭の、養護教諭のための、養護教諭による、養護学を築くための努力とそのレベルを引き継ぐこと」である。他職種に頼るのではなく、自分たちの手でそれをすることが求められているのではないだろうか。事務局の組織力を期待している。

養護教諭としての経験を持つ管理職として

岩手県立一関清明支援学校副校長　入駒一美

私は、約30年間高校養護教諭の後、県の行政（指導主事）を経て、副校長として3年目を迎えている。養護教諭時代「だから養護教諭は……」「だから女は……」と言われない・言わせない仕事を心がけた。その分、養護教諭であることを前面に出し過ぎ、必ずしも良好な人間関係ばかりでなかった場合もあったかもしれない。しかし、一歩引くことで三歩前進するようなことも体験している。つまりは、「小さな歯車がいくら高速回転しても大きな歯車とかみ合わなければ学校という組織は回転しない」ということを意識しながら執務したことも事実であったと思う。

養護教諭の役割の中でも、一番先に求められるのは、副校長と同じくやはり「危機管理」であると経験を通して強く思っている。養護教諭のそれは、全校の児童生徒を対象としている担任である。つまりは、過去の自分も管理職と同じように全体を俯瞰して子供たちを見つめてきた。職員に対してでもある。このことを考えると、養護教諭こそ管理職に最適な教員の職の一人であると思っている。

文部科学省が提示している「次世代の学校・地域プラン（馳プラン）」の3本の矢の一つである学校の組織運営改革「チームとしての学校」の推進において欠かせない校長のリーダーシップを補佐する副校長として、一般教諭があまり体験したことのない地域・組織との連携が求められる。ここで、連携・分担先にはスクールカウンセラー（SC）やスクールソーシャルワーカー（SSW）など養護教諭としても従来から連携を行ってきたことに「強み」がある。

また、「弱み」であると思われることには、他の分掌を経験していないこと、教壇に立つことの経験不足などがあるが、学ぶ姿勢で補っていけるものだと思っている。肝心なのは、自分の「弱み」を自覚し、それを克服するための努力であり、学ぶ姿勢であろう。

養護教諭としての専門性を持ち合わせた管理職は、養護教諭時代から、日常から学校全体を俯瞰することに慣れており、かつ、自校の課題に合わせて校内外の既存の組織を活用しながら新しく組織を作り、その周辺に援助体制を整えることで、人的資源や組織的資源などの調整や組み合わせを行ってきたことからコーディネーション機能も生業として身に付いているはずだと思う。

ここで、管理職や保健主事の役職に就くことを目的にして欲しいということではないことを断っておきたい。あくまでも選択肢が増えたということで考えていただきたいし、選択は自由であると思っている。自分にとっては、道を閉ざされていたことが納得できなかったということである。

かつて、専修免許の取得に関しても違いがあった時代があった。経験年数で申請だけで専修免許を取得できる制度があり教諭だけに開かれていた。その後、大学院での6単位以上の取得により同様となったが、養護教諭養成課程のない岩手大学での単位では養護教諭の専修免許を取得できなかった。その理由に納得できず、数年間県教委の担当者に問い合わせていたところ、「結論は変わらないが、どうしてあなたはそんなに専修免許の取得にこだわるのか?」という問いがあった。私は、「同じ条件なのに、一般教諭に開かれていて養護教諭に開かれていないということに納得がいかないのです。」と答えたことを記憶している。だからこそ、校長から「管理職試験を受けてみませんか?」というお話をいただいた時に、心から嬉しく涙がこぼれた。しかし、実際に受験するかどうか本当に逡巡した。だが、先輩や仲間たちの応援の声に勇気をもらいチャレンジすることとなり、4年間の遠回り(!?)はしたが本県初の管理職となった。残念ながら、校長にはなれなかったが後輩に思いを託したい。

養護教諭としての年月を振り返って

盛岡みたけ支援学校養護教諭　中沢亮子

児童生徒数50名余の養護学校（現在の特別支援学校）で養護教諭の職をスタートした。4年間勤務した後高校に異動となり、23年間勤め再度特別支援学校に異動し現在に至っている。初任の頃養護教諭経験が全くない状況での養護学校勤務は、自分が何をすべきか解らず、専門職としてすべきことは何なのかを悩み続けたことが思い出される。

高校勤務では、保健室経営の内容を工夫したり、特に健康相談活動に興味を持ち力をつけたいと願い研修会等に参加した。

平成9年の保健体育審議会答申において、心の健康問題を始め薬物乱用、性の逸脱行動、喫煙、飲酒、摂食障害等現代的課題への対応が強調されたが、現場はまさにその通りで、それらに対応する力量をつけることが不可欠と感じる日々だったと記憶している。

養護教諭の置かれた環境も様々変化し、平成10年「教科保健」の兼職発令が出された。平成12年1月、学校教育法施行規則の改正により、養護教諭の管理職登用の道ができた。平成13年には定数改正があり、複数配置について基準が定められた。同じ頃、岩手県においては総合教育センターに初の養護教諭の長期研修生が配属され、その後平成20年から「研修指導主事」が配属されるようになった。（平成29年度は配属はなかった）

私自身は、平成6年度岩手県学校保健会養護教諭部会の常任理事、平成11～12年度は副会長、平成

25～26年度は会長として会の運営に携わり、県立学校のみならず義務教育学校勤務の先生方と意見交換し合いながら執務に励んだ日々はとても貴重で学びの多い時間だった。

平成12年度の副会長の時は、岩手県立大学看護学部が看護学研究科を開設する準備をしている時であり、養護教諭部会においても要望書提出の気運が高まり、「要望書」の作成に当たった。次期事務局に引き継ぎ大学へ提出できたことは記憶に強く残っている。平成14年同大学に看護学部研究科が開設された。

また、全国養護教諭連絡協議会の活動を間近で知る機会を得られたことや、岩手県教育委員会スポーツ健康課（平成29年度から保健体育課）より直接指導を仰いだこと、部会からの要望を伝える機会に参加できたことは、変化していく情勢を間近で見ることができ貴重な経験になったと感じている。諸先輩方が長年に渡りしかるべき機関への働きかけに尽力され、養護教諭の資質の向上の為に多くの研修の機会を作られた歴史があって、今の養護教諭の立場が確立されたことは大きな財産であると思うのである。

私は現在二度目の複数配置校勤務をしているが、一人の時の何倍も有意義な時間を過ごしている。経験値の違う者同士がお互いに意見交換し合い、より良い保健室経営ができる点でその意義は大きい。また、岩手県立大学出身の養護教諭も増え、出身者同士の交流の場ができていることは好ましいことであるし、現職の養護教諭が県立大学にて研修の機会を得られることは多くの養護教諭が願って実現されたことであり、感謝の思いでいっぱいである。

東日本大震災の発生も含め、子どもたちには新たな健康課題が現れ我々もその対応に取り組んでいる。今後も専門性を追求し、未来を創る子どもたちが健やかに学校生活を送られるよう見守って行きたい。養護教諭同士のつながりもさらに強め、永続的に引き継がれさらに発展していくことを望むものである。

『Bei《バイ》 sein《ザイン》～共にある～』

未来の風せいわ病院 養護教諭　多田淳子

私は現在、養護教諭として精神科臨床の場で生きづらさを抱えた子どもたちと出会っています。子どもたちの多くは、生きづらさの背景に発達の課題があり、トラウマを抱えた被虐待児もいます。社会の歪みの被害者として私たちの眼の前に登場します。それ故、自尊感情も低く、将来への希望を見いだせず、希死念慮、自殺企図の子と遭遇することも少なからずあります。少子化時代において精神科受診の子どもは増えています。これは、何を意味しているのでしょうか。

学校現場に目を移してみます。保健室利用の子どもたちは、その集団、社会、時代を映し出す鏡であり、逸早くその時代に警鐘を告げるカナリヤのような存在であると、私は考えてきました。精神科受診の子どもたちもまた「時代を象徴する子ども」なのだろうと感じています。養護教諭としての私が、精神科臨床の場に飛び込んだ意味がここにあるのかもしれません。

教育の視点を持った人間が、精神科臨床の場に加わることにより、子どもたちの発達を促すことができるのではないか。子ども本来の力を引き出すことによりエンパワメントできるのではないか。これは私の仮説であり願いでもあります。

私は、養護教諭という仕事の究極の目的は「子どもの発達支援」にあると考えています。学校現場で学んだことをベースに、養護教諭としての資質を生かしながら、精神科臨床の場において多職種と協働しながら発達支援を行っています。また、教育と医療という二つの異なる領域をつなぐことも私の役割でもあります。「異質の知」が融合することにより良質な支援につながるのではないか、そのために、それぞれの世界を「つなぐ」「結ぶ」ことが大事であると考えています。養護教諭という職に着眼し招き入れていただいたことに感謝しています。

精神科臨床の場で出会う子どもたちのリカバリーのためにできることは何か……暗中模索の中、出会ったのがブレインジム（ＢＧ）とロゴセラピーでした。

ＢＧはアメリカで開発された教育キネシオロジーです。学習支援プログラムにＢＧ等の身体技法を導入することにより、子どもたちに変化がみられるようになりました。強張っていた身体がしなやかに変化すると同時に、脳、心も柔軟性を増していきます。多くの子どもは安全な環境で安心を感じると学習したくなります。また、意味のある深い言葉も表出するようになり自己洞察も深まっていくと感じています。トラウマという圧倒的な体験によってバラバラになってしまった思考・感情・感覚をＢＧは再統合する働きをするようです。このことは、子どものそだちを支える上で大きなヒントを私たちに教えてくれていると思います。心身の発達を促す教育機関だからできること、子どもの身体から心に触れる特質をもつ養護教諭だからこそできることがありそうです。

『Ｂｅｉｓｅｉｎ《バイザイン》～共にある～』は、ロゴセラピーを学ぶゼミで出会った言葉です。

逆境の中生きる子ども、実存的虚無感の中生きるこどもたちに「どんな状況においても生きる意味がある」と伝え続けること。彼らの伴走者として共にあること。そして何より「教育は希望の処方」であると言えること。子どもたちは、健全な自己効力感を獲得・再獲得すると、諦めていた将来に希望を見出し、自らの力で歩き出そうとします。教育は希望の処方であると実感する瞬間です。精神科臨床の場に教育の視点を持った人間がいることも意味があるかもしれません。未来ある子どもたちと共にあることの幸せを思う日々です……Ｂｅｉｓｅｉｎ

※多田は、公立中学校を退職。現在は、病院の養護教諭として勤務している。

養護教諭を目指す学生と過ごした経験を糧に

一関市立藤沢中学校養護教諭　小山ゆかり

岩手県立大学看護学部（以下、県大）では、開学四年目から七年間、養護教諭養成に携わりました。赴任した半年後に、一期生の養護実習が開始されるということでしたが、大方は、当時担当されていた講師の遠藤巳子先生や、前任で現千葉大学准教授の工藤宣子先生が、既に準備されておりましたので、そのスケジュールに沿って事前事後指導や実習内容等を検討し実施するというものが主でした。そうはいっても、このような養成大学に従事したことがない私にとっては、毎日が手探りの状態でした。

幸いにも養護実習校は、岩手県立衛生学院時代から指導していただいた経緯がありましたので、実習に対する理解が深く学校体制で臨んでくださいました。卒業生の中には、今も当時の実習校の先生方との交流が続いている人もいるようで、感謝の念に堪えません。

一方で養護教諭を目指す学生は、学部の科目の他に教職科目も取得しなければならないため、一〜四年次前期迄ほぼ毎日五時限の授業でした。その他に、三年次後期からの看護実習、四年次になると教員採用試験や、夏期休業中には高校での保健科教育実習、十月に養護実習と、まさに息つく暇もない生活を送っていました。

当時は、全国的に養護教諭の採用が少なく、学生も、教員採用試験や卒業研究、実習等の時間のやり繰りをどうしたらよいか、養護教諭の臨時採用はあるのか・看護師になった方がいいのかといった就職活動等で焦燥感に苛まれていました。

それでもひとたび養護実習に向かうと、一教員として子どもの話をきちんと聞き受けとめ、多方面から客観的に物事をとらえ解決していこうとする姿勢の学生が多かったように思います。このような学生の真摯な態度は、養護教諭に限らず社会人として生活していく上で忘れてはならないものと思います。

当時の採用枠から養護教諭として勤務できた学生は少なかったのですが、現在も県大での学びを糧に、看護師や保健師として活躍していると思います。先日もある病院で、卒業生の看護師に会い、仕事の様子を垣間見る機会がありました。そのうちの一人は、専門看護師として勤務しているとのことで、私もその活躍ぶりを頼もしく思いました。

現在、私は中学校の養護教諭として、いわゆる思春期真っ只中の生徒に対応しています。中学校生活はほんの三年間ですが、生徒は心身ともに急激に成長していきます。反省する日々も多いのですが、彼等には、夢の実現のために勇気と希望をもって突き進んでほしいとの思いで対応しています。とはいえ、実は私の方が、生徒との関わりを通して成長させてもらっているのかもしれません。県大の学生が持ち続けていた真摯な気持ちを、私も持ち続けていこうと思います。

私を成長させてくれたもの

岩手県教育委員会スポーツ健康課　高橋雅恵

養護教諭になりたての頃は、「子どものために」という思いは先に立つものの、その方向性や優先度は必ずしも「子どものため」だけでなく、自分の都合や周りからの評価に左右されておりました。そのような中、私が所属する養護教諭の学習グループで、子どもとのやり取りを記録したプロセスレコードを持ち寄り、そこから見出される「養護」について研究することになりました。いわゆる「質的研究」です。その当時は、まだ質的研究の数は少なく、指導者である大谷尚子先生（茨城大学名誉教授、養護実践研究センター代表）から手ほどきを受けながら、グループ内で子どもとの対応場面における養護教諭の思いや判断について、言語化する作業を行いました。この研究を通して、私は養護教諭が何気なくとった言動の中にも実は「養護」があること、また、養護の本質は日常子どもたちとの間で繰り広げられる相互作用であることに気がつくことができました。

この学びにより、私は故・小倉学先生が残してくれた茨城大学退官の際の言葉の意味をようやく理解できたような気がします。

子ども達へのふだんの対応を大事にしてほしい
そして、それを自己評価していってほしい
そこから達成の満足感が生まれ
心の健康が増進されることに期待したい

さて、話は変わりますが、私は数年前から行政の職に就いております。県の指導主事は、学校保健活動の充実・推進のために様々な事業を展開していくとともに、現代的な健康課題にも対応できる養護教諭の育成を図っていく必要があります。その責務は重大で、自分の能力のなさに落ち込むことが幾度もありましたが、この職だからこそ得られる経験や人脈は今では私の大切な財産になっております。

研究も行政の仕事も苦労はありますが、結果的には自分の「養護教諭観」を広め深める良い機会となっております。新しいことに挑戦することは勇気がいることですが、自分で限界値を決めることなく、まずは教えられながらやってみることで、意外と乗り越えられたり、新しい道が開けたりすることがある、と実感しているところです。

想いと実践を引き継いで

岩手県立総合教育センター　平澤恒子

平成三年の春四月一日、大学を卒業した私は、いよいよ養護教諭になれるんだという夢と希望を胸に、川井村、現在の宮古市川井に赴任しました。

初任者にありがちですが、養護教諭として意気込んで赴任したものの、大学での学びと現実とのギャップに悩むこともありました。そんなときにお世話になったのが川井西小学校の竹原恒子先生と小国中学校の栗津先生でした。

お二人とも、今思えば大大先輩ですが、いつでも気さくに相談に乗っていただいたり、実践を紹介していただいたりもしました。困った時にはいつでも相談できる先輩方の中で、養護教諭としての想いや学校で働く事の楽しさを学ぶことができ、本当にありがたいスタートだったと思います。

川井村で五年間お世話になった後、結婚を機に、同じ下閉伊管内ではなく、県北に異動しました。赴任先は軽米町です。初めての異動、知り合いも同期も全くいない土地への異動、違う事務所への異動はこんなにも大変なのかと思いました。しかも二戸地区は、市を挙げて学校保健に取り組んでいるところです。二戸地区の学校保健活動に衝撃を受けるとともに、初任から五年間の自分の実践を反省し、勉強し直すよい機会となりました。

この軽米町での六年間、その後二戸市での三年間を二戸地区で世話になりました。校内外の保健関係者・保護者・児童生徒を巻き込んでの学校保健活動の進め方や実践のまとめ方、発信の仕方など、先生方の実践からたくさん学んだ九年間でした。

その後盛岡市の小学校に勤務してからは、養護実習を担当することも増え、養護教諭を目指す若い学生さんたちから刺激を受けるとともに、自分の今までの実践を反省し、改善していかなければならないことにたくさん気づかされました。

改めて初任からを振り返る時、私はどの地区でも、いつでも、養護教諭としても、一人の女性としてもすばらしい先輩・後輩の先生方に恵まれ、その先生方から多くのことを学ばせていただいてきたことを感じます。

平成二七年度より、岩手県立総合教育センター教育支援相談室研修指導主事として、研修や相談の仕事をさせていただいております。

授業力向上研修等では、自分が若い頃ご指導をいただいた先生方を前に講義をしなければならず恥ずかしい限りですが、これも、教えていただいた事への恩返しと伝えていく責務と思い、気を引き締めて勉強しております。

また近年、多くの若い養護教諭が採用されています。私自身が先輩方に育てていただいたように、これからは、私たち世代が若い先生方を支え、岩手の養護教諭の実践を引き継いでいく番です。微力ですが、今自分のなすべき事を考えがんばっていきたいです。

岩手県立大学・大学院卒業生と教員

足跡を振り返る

盛岡市立厨川中学校養護教諭　菅野美樹子

私が岩手県の養護教諭に採用されたのは平成15年。その前１年間、養護助教諭として勤務した後の採用だった。

養護助教諭の１年は、児童数16名のその年閉校になる小学校に勤務した。社会人１年目、養護教諭１年目、世間知らずだがやる気はあふれ、毎日楽しく働いた。健康診断も救急処置も校務分掌も一人で行うのは初めて。毎月歯科指導の時間があり、子どもたちに興味を持ってもらえる題材で16人全員が理解できるような内容をなどと考える訓練ができた。また、全ての行事が閉校に向けての特別な活動となり、児童たちと貴重な時間を過ごすことができた。

３月30日に閉校式、31日に学校の引っ越し作業を行った後、県北から沿岸南部へ一気に移動し、４月１日新採用として着任したのは児童数60名前後の小学校だった。３年間勤務し、児童の成長を経年で見たり、活動を振り返って修正したりという、１年だけでは終わらない活動が新鮮だった。子供たちにも保護者の方にも先生方にも恵まれ、自分のアイディアを自由に挑戦してみる機会をたくさん与えていただいた。失敗もたくさんしたが、学びの多い３年間だった。

その後、同一管内の児童数１５０名前後の小学校へ異動になった。特別支援学級やことばの教室等もあり、様々な特性を持った児童とかかわる機会を得た。ここで結婚・出産を経験し、復帰時は夫の職場が遠いため2歳の息子と2人暮らしをした。ファミリーサポートや病後児保育などを利用し、職場の先生方にもずいぶんご迷惑をかけながらの生活だった。

そして、この学校で3・11東日本大震災を経験した。ガラスが波打つほどの揺れ、不安そうに身を寄せ合う子どもたち、続々と集まる避難者、あっという間に学校が避難所となった。3歳の息子を保育園に預けたまま、保護者の迎えが来ない児童たちと一晩を過ごした。明かり、食事、温かさ、トイレ、色々なものが非日常になり、非日常が日常になる混乱を味わい、自分にできることの少なさを実感し、被災した児童とどう向き合うかを常に考えた。桜の花が咲いているのにも気づかず、地面に散った花びらを驚いて見つめた。それでも、息子と無事に生活できるありがたさを実感する、そんな日々だった。

1年が過ぎ、夫が暮らす街の600人規模の中学校へ異動となった。たった1年で被災地を離れる後ろめたさと、息子に安心した暮らしをさせたい気持ちが戦った。異動した中学校も震災によって校舎が被害をうけ、半分完成した新校舎と、半分解体した旧校舎を利用して新年度がスタートした。養護教諭が複数配置となり、先輩から多くのことを間近に学ぶことができるのは恵まれた環境だと感じている。

養護助教諭時代を含め、間もなく16年目になる。改めて振り返ると貴重な経験の連続だった。経験を無駄にしないよう、日々成長を続けられるよう努力しなければならないと思いを新たにした。

子どもの心に寄り添う養護教諭を目指して

福島県郡山市立行健第二小学校養護教諭　臼井敦子

私は、福島県出身ですが、受験雑誌に載っていた岩手県立大学開学の記事を偶然見て、看護師と養護教諭の免許が取得できる所に魅力を感じ、1回生として入学しました。講義を受けるのも、実習をするのも私たちが初めてだったので、先生方も手探りの中、学生も一緒に作り上げていった看護学部生活でした。

卒業後、地元の総合病院の混合病棟で3年、精神科病棟で2年、育休代替の講師として高校の保健室で1年程働きながら、ずっと教員採用試験を受け続け、卒業後7年経ってからやっと合格しました。4年間へき地の小学校に勤務した後、現在は郡山市の中規模の小学校で、元気すぎる子ども達と日々奮闘しながら働いています。

左記の作文は、そんな私が採用試験対策として書いた小論文の一部です。

「私は、昨年まで、精神科の病棟で看護師として働いていたが、その時に、自分の感情を人や物にぶつけてしまう30代男性と関わった。私は、彼の表情や言葉、行動を観察し、彼が自分の思いを誰にも聞いてもらえなかった時に、攻撃的になることに気付いた。その後、自分の感情を暴力でなく言葉で表現する練習をすることで、彼の問題行動を解決することができた。現在、高校で、彼のように、自分の思いや考えを上手く友人や教師や親に伝えることができず、集団の中で生きることをつらく思っている生徒が増えていることを実感している。私は、養護教諭として、集団の中で、自分の感情をうまく相手に伝えられる子どもを育てたい。

そのために、私は、毎日、校内巡視を行い、多くの子どもに声をかけ、人間関係の基本であるあいさつを励行する。また、保健委員会の児童に、保健室来室児童の簡単なお世話や、他学年の子どもと共同で掲示物を作らせたりして、保健室において、異年齢間の人間関係を築かせたい。そうすることで、様々な人と関係をつくることのできる子どもを育てる。また、健康観察や保健室の来室カードに「今の気持ち」という項目を作り、自分の感情を言葉にできるよう支援する。その上で、「今、なぜ、その気持ちなのか」「どうすれば良くなるのか」を考えさせ、自分の感情に向き合わせたい。そうすることで、つらい時に、自分の気持ちを他者に伝え、助けを求めることができる子どもを育てる。さらに、保健室に本を置き、読書を勧めたり、ロールプレイングを取り入れた保健指導を行うことで、世の中にはいろいろな考え方や生き方の人がいることを知っている子どもを育てたい。私自身、内気で人と話すことが苦手な子どもだったが、小さなころから、たくさんの本を読み、演劇部で自分とは違う役を演じるという経験から相手の気持ちを思いやることができるようになった。

私は、養護教諭として、私自身の感受性を豊かにし、より良い人間関係を築くように努め、自分の感情を相手のことを思いやりながら伝えることのできる子どもを育て、子どもの心の成長を支援していきたい。」

今、養護教諭として7年目を迎えましたが、毎日反省することばかりで、自分が養護教諭になってよかったのか考えてしまうことも正直あります。この原稿を書くために採用試験の時の自分の気持ちを再確認することができ、この時の自分に恥ずかしくないように、養護教諭として成長していきたいと思いました。岩手県立大学での学びやその後の病院で看護師として働いた経験は、私が養護教諭として働く上でなくてはならないものです。これからも、自分の目指す養護教諭像に向かって、頑張っていきたいと思います。

養護教諭として生かされていること

岩手県立前沢明峰支援学校養護教諭　田中千尋

私が養護教諭を目指したきっかけは、中学時代に大病を患った時、養護教諭にお世話になったからです。どんな生徒にも臨機応変に対応する先生の姿を見て、先生のような人間になりたいと思いました。岩手県立大学に入学し、看護を学びながら、養護教諭の資格を取りたいと思ったのも、心身のことをきちんと学んで、養護教諭になりたいと思ったからです。その後、採用試験になかなか合格できず、精神科病院で保健師として勤務しましたが、養護教諭になりたいという思いは消えませんでした。

養護助教諭として赴任した高校では、７年間勤務しました。その間に、東日本大震災に遭い、校舎が全壊し、生徒と同僚が亡くなりました。震災の日は、教職員や生徒たちと一緒に、負傷した人や水を被った人などを助けようと必死でした。自分自身も、養護教諭として、生徒たちのために救護体制を整えなくてはと思い、高台へ避難しました。生徒たちは、体調の悪くなった生徒や地域の人々の中で負傷した人をどんどん私の前に連れてきました。その時は、養護教諭としてではなく、ひとりの人間としてできることをすることに必死でした。後で振り返ると、あの時、私は、生徒たちに体のことをみることのできる先生として捉えられていたのだと思います。養護教諭の専門的機能として、救急看護の機能が求められていたのだと感じました。震災後、3年間生徒たちと過ごしました。生徒たちの苦しい思いと向き合うと、無力さを感じました。私にできることは、ただ、そばにいること、話を聞くこと、心身の健康に向き合うことでした。教職員や他職種と連携を図り、生徒たちの安心安全を確保する方法を模索しながら一日一日を大切に過ごしました。

新採用として赴任した特別支援学校では、特別な支援を必要とする児童生徒と過ごしています。医療的ケアが必要な子と接し、保護者や教職員、看護師等と連携することの大切さを改めて実感しています。疾患を持つ子、服薬が必要な子と接し、高校に勤務する以上に、医療的な知識が問われていると感じています。また、授業をしたり、児童生徒に対し保健指導をしたり、教職員や保護者の相談を受けたりと、養護教諭は体の専門家として捉えられていると感じる機会が多いです。養護教諭だからこそ児童生徒のためにできることは何か、児童生徒に分かりやすく伝えるためにどのような工夫が必要か、教職員等と児童生徒の健康についてどのように共通理解を図っていくべきか、と日々模索しながら過ごしています。改めて、養護教諭としてどうあるべきか考える機会をいただいています。

これからも、養護教諭を目指していた頃の自分の気持ちを大切にしながら、児童生徒が安全安心に学校生活を送ることができるよう、児童生徒の心と体に向き合っていきたいと思います。

看護実習からの学び

宮古市立重茂小学校養護教諭　田中泰代

小学生の頃から憧れていた養護教諭となり、「先生」と呼ばれるだけで胸がいっぱいになった十一年前。子どもに寄り添える養護教諭になりたいという決意に燃えていたのも束の間、すぐに目が回るような新学期が始まった。初任者研修と並行して保健室来室児童への対応、各種健康診断、保健だより、職員会議提案、その他割り当てられている複数の校務分掌。学生からいきなり現場に入った自分にとって、全てが体当たりの連続だった。

学校の流れはおろか、養護教諭は学校に一人の職種ということもあって、誰に何を聞いていいのかさえ分からなかった。とにかく毎日無我夢中だった私に、「なぜ、あなたは来室児童への対応に慣れているの？」と指導養護教諭の先生から聞かれたことがあった。その時即座に出てきたのが、大学時代の看護実習の経験だった。六つの領域と総合実習の合計一年間は、一言で言い表すことができないほど充実していて、現在教育の現場で働く自分にとってかけがえのない経験となっているからだ。

実習では、病気だけでなく様々な視点から、患者様の看護問題とそれを改善するためのケア計画を立てる。人によって見立てが異なることもあるし、良かれと思って行ったケアがうまく作用しないこともある。時には仲間と議論し合って、自分の立てた看護方針をチームで振り返ることもある。

養護教諭の児童生徒へのアプローチも、基本的には実習で学んだことと同じだと思う。心の不調が体の不調につながる子、普段の様子とは違って見える子、その時の気づきが看護でいう関連図であり、少しでも良くなるように関わっていくのが保健指導であったり支援計画であったりするのだと思う。その子を取り巻く担任や保護者、関係職員と連携してチームで対応するという点でも、看護と共通している。

実習で様々な年代・職種の方と触れ合い、向き合い、相手の立場になって行動することが、いかに大切か。子どもや保護者・他職種の方々に接する仕事に就いてみて、コーディネーター的役割も担う養護教諭にとって、コミュニケーション能力と調整力の必要性を痛感した。また、健康教育に携わる者として専門的に看護学を学んでいる意義は大きく、応急処置で整形外科のドクターからお褒めの言葉をいただいたこともある。このように、社会に出る前に看護の基本を身につけ、確かな技術の習得に加え、患者様に寄り添うという看護の精神を学ぶ環境に身を置けたことは、私にとって一生の財産だと思っている。

今後も多くの壁に当たり、悩むことがあるだろう。そのときには、「子どもに寄り添う」という自分の原点に立ち戻り、壁や困難に向かっていきたい。

初心

岩手県立盛岡第二高等学校養護教諭　平野麻衣子

母校岩手県立大学を卒業し、十年の月日が経とうとしています。卒業後は念願だった養護教諭の道を選び、臨時採用として六年勤めた後、教員採用試験に合格しました。振り返ると、言葉では言い表せない貴重な時間でした。大学での学びが自分の原点になっていると思うこともあり、その内の三つについて書かせていただきます。

一つ目は、物事を柔軟に見ることです。例えば、同じ主訴《しゅそ》（患者《生徒》が最も強く訴える症状）による保健室来室があった場合でも、それまでの経過や生活習慣など一人ひとりの背景は異なります。広い視野と細やかな視点で物事を柔軟に捉え、生徒と向き合い、丁寧な対応を心がけています。また、時には頭を整理するために関連図を書くこともあります。そうすることで、視点が変わり、根拠を明確にする手掛かりにもなります。これは個別の生徒対応に限らず、学校全体の健康づくりについて必要な力だと考えます。

二つ目は、連携です。チーム医療を学んだように、養護教諭も学校内外における連携が欠かせません。特に、大規模校に勤務してからは、保健室からは見えない様子を担任や教科担任、部顧問等から聞き、気づきを得ることが沢山ありました。加えて、保護者やスクールカウンセラー、学校医・主治医、各種専門機関との連携が重要になるケースも多々あります。自分だけで抱え込まず、何が一番必要かを考えて行動するよう努めています。

そして、三つ目は、職務に対する姿勢です。大学の講義は、先生方ご自身の経験からの示唆に富み、看護職者としての誇りを感じるものでした。患者さんやそのご家族と信頼関係を築く一歩として、自分自身の根拠と責任の伴った行動の重要性を学びました。働き始めたばかりの頃は、生徒から声をかけられるだけで嬉しく、舞い上がっていた面があると思います。当時の反省は数え切れませんが、年齢や臨時採用に囚われ過ぎず、自分が養護教諭としてすべきことを考え、職務と向き合うことができたのは大学での経験と学びが要因となっています。養護教諭に憧れ、看護を学びたいと志した自分の初心が大学に詰まっています。

さて、平成二十八年一月、先生方にご指導いただき、岩手県立大学看護学部卒業生養護教諭の会を発足しました。この会は、「①交流の場とすること、②就職情報の提供及び共有を図ること、③実践交流・研修の場とすること」という三つの目的を掲げています。まだ数回開催したのみですが、いつも温かい雰囲気に包まれ、卒業年度や校種・職種を越えて、思いや悩みを共有できる仲間がいることを幸せに思います。

臨時採用として勤めた期間は決して平坦な道のりではなく、心が折れそうになったこともありました。しかし、今は、自分が養護教諭になるために必要な期間だったと感じています。沢山の方に出会い、声をかけていただき、今があります。感謝の気持ちは尽きません。生徒と過ごす時間は、かけがえのない宝物です。岩手県の養護教諭の一員となれたこと、岩手県立大学が母校であることを誇りに思い、また、後輩たちが同様の気持ちを抱いてくれるよう、今後も感謝の気持ちと初心を忘れることなく励んでいきたいです。

看護学部卒の養護教諭として思うこと

山田町立山田中学校養護教諭　後藤麻衣子

私は9回生として平成22年度に岩手県立大学看護学部を卒業しました。現在は養護教諭として勤務していますが、大学卒業後は三年間、看護師をしていました。その経験も思い出しながら、稿を起こしたいと思います。

高校卒業後、一年間の大学浪人を経て、岩手県立大学看護学部に入学しましたが、大学四年次の教員採用試験では不合格通知を突き付けられました。迷いながらも、いつか看護師としての実務経験を持った養護教諭として教育現場に立ちたい、そう考えて看護師として社会人生活をスタートさせました。

看護師として勤めた三年間は、民間人としての感覚、そして対人職として働く上での姿勢を学ぶ重要な時間となりました。

私が勤務していた病棟は寝たきりの高齢者の方が多く、ほとんどの方が言葉を発することはできませんでした。その中で看護師は24時間三交代で患者さんに寄り添い、五感を使って声なき言葉から体調の細かな変化を感じとります。そして、その時々によって患者さんをさまざまな視点から「みる」ことでアセスメントし、ケアを行います。そのような姿勢や視点は、養護教諭として子どもたちと向き合う際にも、自然と活かされているように感じます。

また、長期入院の方が多かったため、患者さんのご家族との関わりも重要な病棟でした。その中で、対象者のご家族にどのように声をかければいいのか、患者さんの家族もふまえた関わりは、子どもたちの背景をふまえた関わりへとつながっているように感じます。

さらに養護教諭として勤務していく上で、学生時代に築いた人脈が私を支えてくれました。母校である岩手県立大学の先生方のサポートはもちろんですが、地域で保健師として働く同窓生、病院で看護師として働く同窓生等看護を共に学んだ仲間と連携する機会にも多く恵まれました。

岩手県立大学看護学部で学んだ四年間、看護師として勤務した三年間、全てが子どもたちと向き合う上で私の糧となっています。養護教諭の養成課程には看護系や教育系、栄養系等さまざまな道がありますが、看護学部で学んだことは私の強みであり、支えです。

最後になりますが、昨年度、岩手県立大学看護学部卒業生養護教諭の会の立ち上げに関わることもできました。卒業生が集い、安心できるこの会を大切に、これからも諸先生方や県立大学で学んだ仲間と共に、岩手を動かせる人材、岩手の教育を担う養護教諭として精進していきたいと思います。

ここに今までお世話になった方々へ改めて感謝の意を表し、この稿を閉じさせて頂きます。

学び続けられることへの感謝の念と恩返し

岩手大学教育学部附属小学校養護教諭　照井紀代子

現職で学び直したいと思ったきっかけは、年々変化する子どもたちの姿と、彼らをとりまく状況の多様化を感じたことがきっかけであった。子どもたちに対して、養護教諭として自分は何ができるのだろうか。長期的視点で子どもの将来を考えた際、課題解決に向けての実践とその後ろ盾となるような理論の融合について改めて学びたいと考えた。

しかし、その第一歩をどのように踏み出せばよいのかが分からず、学びに対する思いばかりが先行する中、各種研修会・大学院での公開講座や専科入学をはじめ、さまざまな研修を受けながら進むべき方向を模索し続けていた時期があった。

そのような中、ある講演で「養護教諭が行う実践研究」という言葉に出会い、そこに解決への糸口があるように感じられた。同時に、養護教諭にも大学院で学ぶ選択肢があること、県内でその道が開かれていることを知り、平成23年度から２年間、現職での大学院派遣として岩手県立大学大学院看護学研究科で学ばせていただいた。

大学院では、現場での実践や子どもへの対応など、資料や文献をもとにその根拠を探り、言葉の意味やその使い方一つ一つに時間をかけて理論を明確にするなど、新しい知識を得るとともに、それまで多忙を理由に放置していた疑問や関心事についても深く学ぶ貴重な機会となった。何気ない事柄にもそれぞれ根拠があること、理論に裏付けられることでより説得力が増すことなど、当時の学びは現在も執務にあたる上での大きな支えとなっている。

文献から、「研究と実践」とは相互が独立的であることをやむなくされている傾向が指摘される一方で、両者の相違を理解し、互いの橋渡しをすることで現実の課題解決につながることが述べられている。養護教諭としての実践と、検証結果から得られた根拠を別箇に考えることなく、研究知見や理論を背景にしながら現実の問題を分析し実践することが、異なる環境下においても学びが生かされることにつながると考える。そのためにも日々の実践に関する根拠や意味することを常にふり返る姿勢を持ち続けたい。

現任校は大学附属校であり、本校の役割のひとつに教員養成の一環としての教育実習があげられる。複数大学の学生を受け入れる中、保健室でも養護実習生を担当させていただき、学校全体で学生への支援体制づくりに努めている。実習では保健室内での対応にとどまらず、他職種とのつながりを通じ学校全体で子どもたちに関わることで、彼らを多方面から捉え、本来の姿を理解してほしいとの思いで実習にあたっている。

悩みながらも自らの道に向かって努力を重ねる学生たちに接する中で、彼らからは物事に対する新鮮な視点や一途に努力する姿勢など、多くのことを学ぶ貴重な機会となっている。それと同時に思い返すのは、かつて大学院研究科において、自らの問いに対する答えを見出す過程で様々な壁に突き当たり、出口のない道を模索していたかのような自分自身の姿である。

数多くのデータの中から事実を探り出そうとする、終わりがないと思われるかのような日々、道標となったのは白畑範子教授のご指導と温かいお導きであった。

教授からは、理論的なことはもとより研究にあたる姿勢や心構えなど、周囲の方々とのつながりについても深くご指導いただき、その教えは、現在養護教諭として日々勤務する上での心の拠り所となっている。

また、自身の思い至らぬところまで、幅広い視点から深く考える機会を与えてくださった研究科の諸先生方、自らの貴重な実践や思いについて、貴重なお時間を割いて語ってくださった養護教諭の諸先生方をはじめ、多くの方々からお力添えいただいたことに改めて感謝の念を抱いている。

学ぶ機会をいただいたことに感謝の念を持ち続けること、そして、学びの中から自分なりに見出したことや思いを、子どもたちをはじめ周りの方々に還元していくことが、関わってくださった皆様に対して報いるひとつの方法であるのではないかと考え、今後も自分なりにできる形で、少しずつ恩返ししていきたい。

出会いを大切にできる養護教諭を目指して

紫波町立片寄小学校養護教諭　小野美保

養護教諭として採用されてからもうすぐ20年になろうとしています。１年３６５日、１日として同じ日はなかったと思います。たくさんの子ども達とその家族、同僚、恩師、そして養護教諭の皆様との出会いがあって、今の養護教諭としての私が形づくられていると感じてます。今まで出会ってきた皆様への感謝の気持ちをこめて、大学院での学びを中心に紹介いたします。

私は大学の教育学部、養護教諭養成課程で養護教諭を志している仲間とともに学びました。在学中に研究科ができ、養護教諭も大学院でさらに学ぶことができることを知り、魅力を感じていましたが、当時は採用試験に合格したい一心で、大学院に進むことは考えていませんでした。

その後、気持ちの変化が訪れたのは、結婚、出産というライフイベントを経験し、育児休業を終えて仕事に復帰した時のことです。それまでの自分では何もできないと感じた苦しい出来事がありました。それは秩序がなくなり、殺伐とした雰囲気の学級で行き場のない思いを抱えた子ども達、そして学級担任を支えるために、養護教諭としてどうしたらよいのか悩んだ経験です。満足できる対応ができないと感じた私は、取り残されてしまったような焦る気持ちでいっぱいでした。そんな時、自分自身の描く夢に向かって勉強を重ねている一人の同僚と出会いました。私はその同僚から刺激を受け、放送大学の大学院での勉強を始めました。さらに、養護教諭の専門性を高められるような内容も学びたいと思っていた時に、岩手県立大学で専修免許状の講習会が開かれていることを知り、迷わず申し込みました。講師の先生方の高度な専門分野の講義は、知的な好奇心を刺激するもので、何度も足を運び、自分なりに満足していました。

このように、講習会や研修会での学びを積み重ねて、何となく養護教諭としてやっていけそうかなと漠然と感じていました。ところが、養護教諭としても、年齢的にも節目の年を迎え、それまでを振り返ると、あの時のあの子への対応はあれでよかったのか、もっとできることがあったのではないかと子どもの顔を思い浮かべてはもっと専門的な知識を身につけスキルアップしたいと考えるようになりました。その時に胸によみがえってきたのは、大学院でもっと学びたいという今まで蓋をしてきた気持ちでした。このことを先輩の養護教諭に相談すると、あたたかく、そして力強く背中を押してくださり、岩手県立大学大学院看護学研究科で学ぶことを実現することができました。

研究科では日々自分自身と向き合うとともに養護教諭の皆様の語りから言葉をつむいで、一つの大きな宝の地図を織り上げ、宝が埋まっている目的地までの道標を探す旅のようなものだったのではないかと思います。しかし、目的地に辿り着くための道のりは険しく、答えのない深い森の中をさまよい、何度も道に迷って、時には豪雨、落雷、そして猛吹雪に遭い、迷い込んだ洞窟の中で途方に暮れることもありました。それでも白畑範子先生はじめ諸先生方からのあたたかい導きをいただき、諦めずに顔を上げると遥か先に、光が差し込んでいることに気づき、懸命にそこを目指しました。辿り着いた時の安堵感と達成感は忘れられません。目的地に向かう道は一本道ではないかもしれません。そして、他にも道があるかもしれません。それを確かめたい、知りたいと思い、学会で発表しましたが、まだわからないことがたくさんあります。大学院の二年間で足をふみ入れた研究という宝探しの旅はまだまだ途中なので、これからも時間をかけて丁寧に探していきたいと思っています。

「つながる」ことで子どもたちに安心・安全・幸せを
～養護教諭と保健師にとって大切だと思うこと～

岩手県立大学看護学部　田口美喜子

私は岩手県立大学看護学部の地域看護学講座に所属しております。本講座では「地域看護学」「家族看護学」「学校保健看護学」の３分野で保健師国家試験受験資格・養護教諭一種免許状の取得にかかわる教科を主に担当しており、協力して教育や研究、実習指導などを行っております。私自身は保健師として勤務した経験がありますが、学生時代は養護教諭を目指して学んでいました。大学４年生の時に小学校で行った養護実習は今でも強く印象に残っており、ご指導いただいた先生方にお会いすると学生時代の思い出が蘇ってきます。

保健師としての勤務経験と養護教諭を目指していた学生時代の学びや体験、そして現在の取り組みを通して、養護教諭と保健師は職種として違いがあるものの共通点や通じるものがあると私は考えています。まず、両者が関わる対象、つまり支援する相手についてです。養護教諭は学校において健康な子どもたちはもちろんのこと、健康問題や悩み事を抱えている子ども、そしてその保護者と関わる機会が多いと思います。保健師は健康に生活している人、疾患や障がいを抱えながら療養生活を送る人など、地域で生活するあらゆる方々と関わります。このように「関わる対象者の健康レベルの幅広さ」が共通する部分だと思います。また、支援をする上で、養護教諭は子ども本人、学級や学校全体、子どもの保護者・家族や学区の特色も踏まえて日々実践活動をしています。保健師は、関わる方個人はもちろんのこと、その方の家族や生活している環境や住民同士のつながりなど地域全体を捉えて保健活動を展開していきます。この支援をする上での「対象者を捉える視点の幅広さ」も共通点だと考えます。

現代の子どもの健康問題に目を向けると、身体的・精神的な健康問題のみならず特別支援を必要とする子どもや被虐待経験のある子どもの増加、さらにはＳＮＳの普及や経済格差の問題など多様化かつ複雑化しています。このような中、子どもだけの支援に留まらず、その保護者や家族、地域や社会全体にもアプローチしていくことが必要であり、養護教諭・保健師ともに「対象者を捉える視点の幅広さ」を生かした支援ができると思います。

養護教諭は学校から、保健師は地域から、子どもあるいは保護者や家族を見たときにお互いの視点に交わりが出てくると思います。そこで「つながる」、つまり連携することができます。養護教諭も保健師も、対象者を見る視点が広いからこそ支援の幅も広がる。そして、多様な支援者とつながり、支援をコーディネートしていくことができるのではないでしょうか。「つながる」ことで支援に厚みが増し、子どもたちが安心して学校生活や家庭での生活を送ることができると思います。

どの学校にも養護教諭がおり、また、どの地域（市町村役場や保健所など）にも保健師がおります。何か問題が発生した時や支援が必要な時だけではなく、日頃からお互いが顔を合わせて情報を共有し、「つながる」ことが子どもたちの安心・安全・幸せにつながっていく……そう信じて、これからも現場の養護教諭の先生方や保健師の皆様のお力をいただきながら、養護教諭と保健師それぞれの職の魅力を学生たちに伝え、また、学生たちと一緒に考えていけたらと思います。

看護系大学の養護教諭養成

岩手県立大学看護学部　大久保牧子

養護教諭は、学校において保健教育と保健管理を担当する教育職員であり、日本が独自に発展させてきた職種である。その前身は、学校看護婦であり、教育職として確立するまでの様々な歴史があった。このような背景から、養護教諭免許状取得大学は教職課程大学以外にも様々あり、そのプロセスは多様である（図１）。近年、急速な勢いで、看護系大学の数が増えてきている。平成28年現在、課程認定された養護教諭養成機関１５９大学のうち、養護教諭一種養成課程を有する看護系大学は78校となっている。看護系大学では、看護師・保健師国家試験受験資格にかかわる教育カリキュラムが濃密に構築されている。養護教諭免許状取得には、過密なスケジュールに加えて、養護教諭養成教育に関する教育が行われている。

岩手県立大学看護学部でも、看護師資格を持つ養護教諭養成を目標に、看護の学びを基本にして教

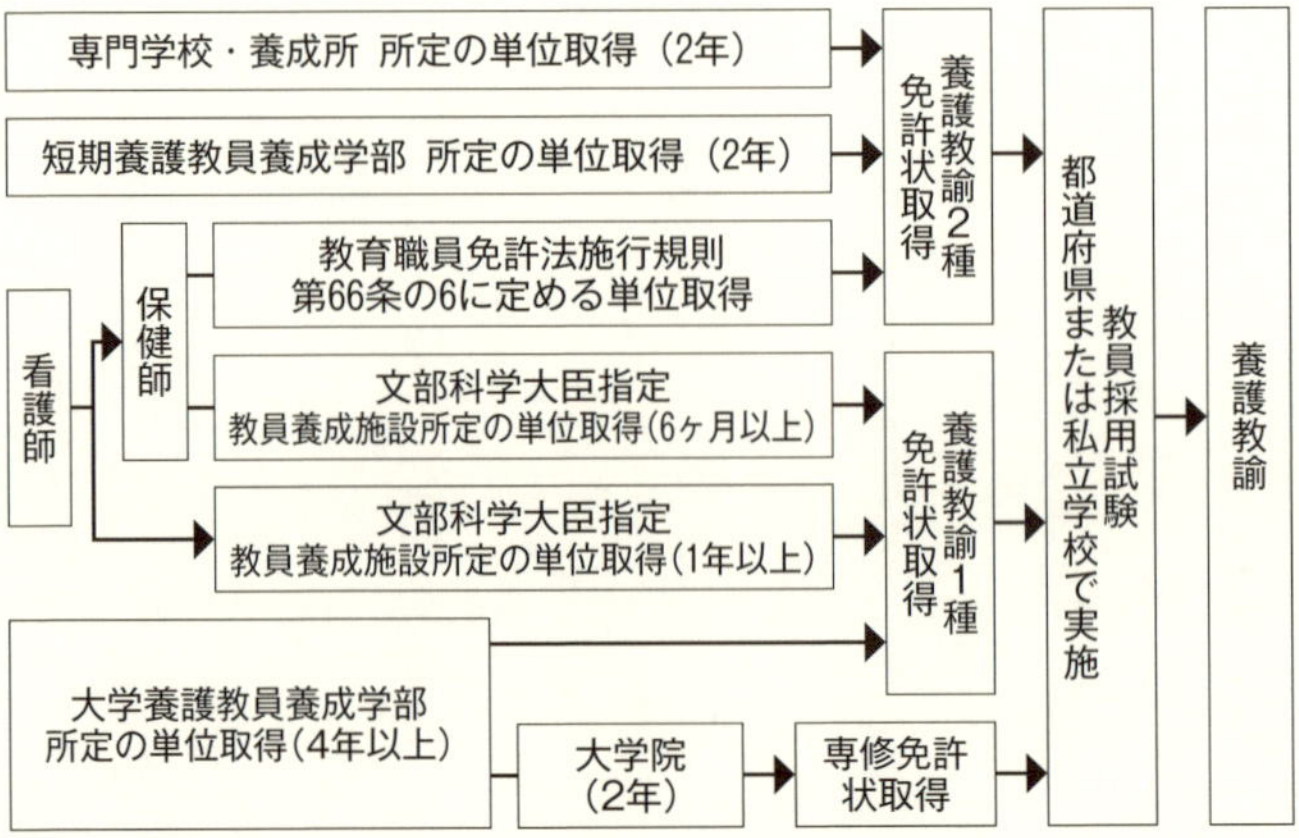

図１　養護教諭へのプロセス

職科目や養護に関する科目の履修を課している。また、必要な科目を履修することで「高等学校教諭一種免許状（保健）」を取得できる養成課程となっている。

看護系大学で養成する養護教諭の強みは、単に看護師資格を持つことだけではないと思う。近年、子どもの発育・発達やこころと体の健康が社会的課題となっており、教育現場での学校保健の専門家である養護教諭への期待がますます大きくなっている。また、管理の必要な病気や障がいのある子どもが、特別支援学校だけでなく、特別支援学校以外の学校に在籍するようになってきた。このことから、養護教諭には、医療・看護・保健衛生などの幅広い知識とともに、豊かな人間性、教職員や保護者・関係機関と協働する力、学校保健活動を企画・運営する力、カウンセリング能力が求められている。本学で養成する養護教諭は、病院や行政機関，保健福祉施設などの看護学実習

表1　岩手県立大学卒業生の養護教諭一種免許状取得者・養護教諭採用状況

期生	年度	免許取得者	養護教諭	養護助教諭	合計	県内養護教諭
1	13	18	7	0	7	1
2	14	17	1	0	1	1
3	15	14	0	0	0	0
4	16	19	1	0	1	0
5	17	17	5	0	5	1
6	18	17	3	0	3	1
7	19	16	2	1	3	0
8	20	14	1	0	1	1
9	21	12	1	0	1	1
10	22	3	0	0	0	0
11	23	10	1	0	1	1
12	24	15	1	1	2	0
13	25	12	2	1	3	2
14	26	8	2	0	2	2
15	27	4	4	0	4	4
16	28	9	8	0	8	6
		205	39	3	42	21

＊10期生まではH22年11月作成の資料に異動者を加え一部修正した
＊11期生以降はH29年3月作成

で、アセスメント能力を高めている。さらに、医療と福祉と教育を繋ぐ力を身に付けている。これが、本学で養成している養護教諭の強みと考える。

本学卒業生の養護教諭採用状況は、表1の通りである。岩手県の養護教諭採用者は、これまで若干名であった。しかし、平成27年度から30名前後の採用となっている。今後は、本学を卒業する養護教諭が、岩手県内で活躍することを期待している。

養護教諭養成課程の更なる発展と継続を

元岩手県立大学看護学部　竹﨑登喜江

私は、平成19年4月から23年3月まで、天野洋子先生の後任として養護教諭養成課程を担当しました。すでに大学院には現職の養護教諭の方々が何人も入学されていました。夏には専修免許取得のための科目等履修の受講、岩手看護学会での発表など、県内の養護教諭の先生方が多数参加されていました。岩手県学校保健会養護教諭部会の役員の方々とは定期的に連絡会を開き、大学での現職研修の在り方についての要望や意見交換を行うなど、開学以来、看護学部長兼松先生の教育理念を受け継ぎ、養護教諭養成課程と学校現場の養護教諭の先生方との交流が盛んに行われていました。

私の勤務期間はわずか4年でしたが、退職間際に大きな出来事が起こりました。詳細は、遠藤巳子先生が岩手日報論壇に投稿された「養護教諭養成の存続を」の通りです。「養護教諭養成の存続が危ない」という情報が私の耳に入ってきたのは、平成22年10月初旬頃だったと思います。当時の私は、残念ながら、大学内では孤立無援の状態で「養護教諭養成の灯を消すわけにはいかない」という思いで必死にもがいていました。11月になって有志の方々が手を差し伸べてくださり、存続のための「ワーキンググループ」が立ち上がり、今後の対策を練ることができました。11月下旬には「ワーキンググループ」のメンバーとともに相澤理事長に面会して、養護教諭養成課程の存続をお願いしました。

しかし、事態は緊迫したまま新しい年を迎えました。そして、平成23年2月4日、遠藤先生の記事が岩手日報に掲載されました。今でも鮮明に覚えていますが、その日のうちに私は副学長室に呼ばれ、「養護教諭の養成はこれからも継続します」と直接言い渡されました。それは養護教諭養成課程の存続が決まった瞬間でした。遠藤先生のあの投稿がなければ、また、もう少し掲載が遅かったら、事態は大きく変わったと思います。遠藤先生には大変な心労をおかけして本当に申し訳ございませんでした。そして、本当にありがとうございました。また、岩手県学校保健会養護教諭部会の先生方にもご支援、ご協力をいただきました。この場を借りて、皆様に心よりお礼を申し上げます。

今年の8月初旬、私は「県立大学卒業生養護教諭の会」のお知らせをいただき盛岡に出かけました。遠藤巴子先生、堀篭ちづ子先生も出席されていて、久しぶりの再会を喜びました。すでに会場には、養護教諭になった10名ほどの卒業生が集まっていました。かつては岩手県の養護教諭の採用は非常に狭き門でしたが、今や多くの卒業生が合格できる時代になりました。これからも次々と養護教諭が誕生していくことでしょう。養護教諭を目指す学生の皆様の奮闘と、岩手県立大学養護教諭養成課程の更なる発展と存続を心から祈っています。

保健師

全国大学保健管理協会東北地方部会における看護職組織の現状と将来

岩手大学保健管理センター保健師　長沼敦子

大学における学生の健康管理については、大学の規模により多種多様で、看護職1名のみの配置から、医師・歯科医師・薬剤師・臨床検査技師・臨床心理士・看護師・栄養士等まで配置している大学がある。

大学保健管理の組織としては、国立大学が中心となり全国と地方の組織があり、毎年研究集会を開催し今年で54回となっている。その中での看護職組織は、全国では平成10年に「大学保健管理担当者連絡会（平成13年からＣＨＮ（Campus Health of Nursing）に改称）」が発足しているが、運営規則がなかったこと、各地区のブロックによる持ち回りで単独運営となり当番大学の負担が大きかったこと、議題の継続性がなかったこと、目的があったが具体策がなかったことなどもあり、残念ながら平成18年10月11日解散に至った。しかしながら、平成25年から再び全国集会時に看護職代表者会議を開催し、現在正式な組織となるべく、準備しているところである。

また、東北地方で現在のような組織が発足したのは、今から17年前の１９９７年（平成９年）であった。非公式的には昭和50年代頃から地方部会終了後に情報交換会を実施していたが、現在のように学生・教職員への健康管理がテーマというよりは、当時は看護職の就労条件等についての話題が主だったと聞いている。各県代表幹事1名と東北地方研究集会開催校1名の運営委員で構成されており、地方研究集会における研修会等の企画運営や、看護職の情報交換の場の提供等が主な活動となっている。遠藤先生をはじめとする諸先輩方の日々の活動の積み重ねにより、看護職の地位も格段に認められ、現在に至っていると考える。

今後は、非会員への入会勧奨と会員間のネットワークの構築により、タイムリーな情報の発信と情報交換を充実させ、各大学がより質の高い健康支援活動が展開できるよう取り組んでいきたいと考えている。

養護教諭の先生方と一緒に取り組む仕事

矢巾町福祉・子ども課長　菊池由紀

町の保健師として働いて、あっという間に30年が経ちました。採用された当時の昭和59年は、老人保健法が施行された時期であり、地域の保健活動は、健康教育や機能訓練事業が盛んに行われていた頃であり、私は、県立衛生学院を卒業した新米保健婦で戸惑うばかりでした。そんな時に、岩手県立衛生学院時代の恩師である横沢せい子先生から、地域の保健活動を学ぶ研修グループ「金曜会」が開催されていることを教えられ、参加し始めました。

金曜会は、週一回、週末の夜に開催され、夕食を摂りながら近況を語り合い、現場でぶつかっている課題を共有し、解決していくための理論や技術的支援をしてもらえる場でありました。参加していた先輩方は、後に県立大学看護学部長になられた兼松百合子先生から指導を受けながら、学会発表に挑戦したり、乳幼児の発達評価・デンバー発達スクリーニング検査の日本版作成に関する調査に協力したりしていました。私もそこで学んだことを自分の職場に持ち帰って、乳幼児の家庭訪問や育児相談に活かすことができました。

養護教諭の遠藤巴子先生との出会いも、この「金曜会」です。会の参加メンバーは、大学の先生、保健所や市町村の保健師、幼稚園の養護教諭等であり、その時々によって入れ替わりがありましたが、20代から60代まで、年齢層も職場も職種も違う人たちで構成されていました。そこに共通していたのは、地域看護や学校保健分野で「人の健康を支える仕事」に就いている仲間です。参加者のうち、一番若いのは私でしたが、職業婦人として前を進む先輩方から、支え続けていただきました。長い歳月を経て、現在は会の活動が休止していますが、今でも互いに誘い合って一緒に研修会や学会に参加したり、報告したりしている状況が続いていることは、学び続けることの大切さを教えられたからこそと感じています。

そして、職場を越えて学び合う経験は、その後も仕事の視点に活かされています。平成14年、矢巾町は盛岡保健所と一緒に思春期保健事業に取り組みました。学校と家庭と地域が連携しながら進めていくものであり、当時、町内にあった4つの小中学校の養護教諭の皆さんと一緒に取り組んだ内容が、今も継承され「思春期保健教室」として開催されています。また、全国的に麻しんが大流行した背景を受けて、平成20年に、麻しん風しん（ＭＲ）の予防接種が、幼児から高校生までを対象と制度が拡大適応された時には、地元での体制作りが求められ、そこに力を貸してくれたのが小中学校、そして高等学校で働く養護教諭の先生方です。そのことで、高い接種率を確保し、感染の大流行を防止できたことは、先生方との連携の賜物です。

さて、平成28年度、私は役場の人事異動で、福祉・子ども課に配属され、仕事の内容が健康を支える仕事から、暮らしを支える分野まで拡げていただきました。昨今、子ども達の暮らしを取り巻く環境も大きく変わってきました。今年度に、児童福祉法が、その理念まで変わる大幅な改正が行われています。また、発達障害者支援法の改正も行われ、まさしく子ども達のおかれている状況の変化と課題を象徴する改正であり、今後は、ますます職域を越えて「子ども達の健康と暮らし、そして権利」を、応援していく環境づくりが求められています。そのことからも、子ども達を守るひとつとして、教育に福祉の視点からかかわる「スクールソーシャルワーク」が注目されています。そこには、地域と養護教諭の先生方との連携が必須であり、教育に地域福祉が連携した支援を一緒に果たしていきたく、今後ともご指導を宜しくお願いいたします。

岩手県立衛生学院での養護教諭養成を担当して

元岩手県立衛生学院保健学科教務主任
衛生学院同窓会わすれな草の会会長　　奥寺三枝子

Ⅰ．衛生学院での養護教諭養成

昭和45年に岩手県立衛生学院が開校した。岩手県立盛岡保健婦専門学院から保健師と養護教諭1級の養成機関としてその教育を引き継いだ。50年代後半に保健師、助産師、養護教諭の需給の問題や、1年コースで、2課程の激務の養成はいかがなものかと検討が始まり、保健婦助産婦科は助産師だけの単科コースとなり助産学科と名称を変更した。保健婦養護教諭科も、養護教諭の養成をどのようにするか検討がなされた。県庁では保健師の需要が高まる中、保健師だけの単科コースにという考えもあったが、岩手県内に養護教諭の養成は必要と教育委員会の要請もあり、科名は保健学科と変更になったが、養護教諭養成は継続となった。

養護教諭の養成については、5年毎に文部科学省に申請が必要であり、平成12年度で閉科（県立大学へ発展的解消）が決まっている保健学科の養護教諭養成の申請は、平成7年度に指定をうけ、平成11年3月31日までの期限であった。平成11年6月に教職員免許法が改正になり、平成12年度も養護教諭の養成をするためには、残りの1年の教育のために、教育課程を変更しなければならないこと、養護教諭の採用が少ないことなどから、養成をどうするか検討がされた。その結果、やはり、1年だけでも養護教諭の養成は必要と教育委員会が判断し、その結果を受けて、残り1年でも養護教諭養成を申請すると県庁の保健福祉部が決断した。

平成11年度は、文部科学省に新カリキュラムで申請を出さなければならず、文部科学省主催の教職員免許法の改正説明会に行った。一日中6時間位の説明を受け、カリキュラムをどのように変更するか頭がいっぱいになった。指導大学である岩手大学の助言も受けながら申請資料を作成した。衛生学院閉校の業務もあり、保健学科教員3人で頑張ったが、とても大変な年であった。新カリキュラムでの養護教諭養成となったので、開設以来、文部科学省のヒアリングは多くはなかったと思うが、この時は書類提出後、文部科学省に呼ばれてヒアリングがあった。カリキュラムに関しては、良いカリキュラムと担当官からお褒めの言葉をいただいたのを今でも忘れない。

平成９年に看護教育の教育課程の変更により、大学への編入などで、単位の互換性が必要となった。平成８年度に昭和45年度開校以来の教育課程の大改正を行った。保健学科は文部科学省の認可が必要であるため、もともと、１単位を15時間としての単位でカリキュラムが構築されていた。しかし、大学との単位の互換性を保つには、座学15時間、演習科目30時間、実習45時間と今までの考え方の再構築が必要であった。また、内容を表すような科目名にするという規定もあり、養護教諭課程とあわせて新カリキュラムを構築するのは、非常に大変だった。平成８年度に「教育原理」を担当してくださっていた岩手大学教育学部長江好道教授に相談した。何度もカリキュラムを見てもらい、科目名も一緒に考えた。「保健師は地域を担当するのだね、だったら、地域と健康、地域の母子保健、地域の成人保健……」保健師と養護教諭養成の共通点もよく分かっていてくださって、適切なアドバイスをいただき、平成11年度の文部科学省のヒアリングで、岩手大学長江教授のアドバイスをいただいた旨、お話ししたら、長江先生をよく知っていた担当官だったので、審査がスムーズだった。

教職員免許法の改正により、平成12年度の新カリキュラムには、外国語コミュニケーション、コンピュータ入門、教師教育論など新たな科目を入れる必要があったが、指導大学である岩手大学の支援により講師は岩手大学から派遣してもらった。岩手大学は養護教諭養成に大変理解があり、一般教養や教育関係の科目は教授の先生が担当してくださった。１年間で養護教諭養成と保健師養成をするハードなカリキュラムであったが、岩手大学や実習校、講師陣、岩手県教育委員会の支援があり、質の高い教育ができた。衛生学院での31年間の養護教諭養成は、約２００人が岩手県内で養護教諭として就職し、岩手県内の養護教諭確保に貢献したと考える。

Ⅱ．衛生学院で11年間養護教諭養成に携わっての思い出

保健学科には、最初から養護教諭希望で入学する学生が３割以上で、その学生には、教員試験の準備を早くするように勧奨した。特に学校保健法を暗記するくらいの熟読、水泳が試験に入るようになった時には、体育に水泳を取り入れた。養護教諭を目指している学生を対象に養護教諭の職務を教えてくださっていた松野先生がボランティアで対策講座を担当してくださったこともあった。その成果もあり、教員採用試験では、希望通り養護教諭の道に進める学生が多かった。

１年で２つの資格取得のコースなので、１年中切れ目なく忙しい教育内容で、学生達は看護学校３年分よりこの１年が大変と過密カリキュラムを表現した。学校実習は、保健師としての実習である沢内実習と保健所・市町村実習を終えてからだった。学校実習で養護教諭の職務を学ぶとともに、健康をテーマに教材研究し指導案を作成して教壇に立つ実習は学生にとってはとても貴重なものだった。実習校の教員から養護教諭は教壇に立たないのになぜ、授業をさせるのかと問い詰められて、必死に必要性をお話してくださった養護教諭の先生がおいでだったが、教育方法を教育の専門の先生方から指導いただいた経験は保健師教育にも大変役立った。学校実習終了後に保健師希望の学生が養護教諭をめざし、次の年に養護教諭になった学生、指導案が出来ないと泣きながら一晩頑張り何とか教壇に立った学生、看護師免許を取得しておらず卒業式に教員免許状の伝達を受けられなかった学生等養護

教諭養成を担当して様々な思い出がある。卒業生の保健室を訪れるとお花や、ぬいぐるみを置いて癒しの空間を設けたり、地域との連携を頑張ったりしている姿や指導案が出来ず泣いていた学生が健康教育を得意とする保健師となっている姿をみると、学校実習は養護教諭の免許取得だけでなく保健師教育にも大変有効であったと思う。

保健学科の教育は、公衆衛生看護をコアとして科目だてされており、１年間で保健師と養護教諭の２つの資格の教育であったが、カリキュラムを構築してみると保健師教育と重層的になっており、学生にとっては、看護、医療、地域保健、学校保健の理解ができる教育だった思う。このカリキュラムで教育を受けた養護教諭をしている卒業生は、「児童生徒の健康づくりは、学校の範疇のみでとらえるだけではなく、地域保健との連携の中でとらえる必要がある」「一生涯の健康づくりの一部を学校保健が担っている」という視点がもてた、引きこもりがちな学生を地域の保健師に繋ぐことができた等衛生学院の教育を受けて良かったことを語ってくれた。衛生学院保健学科は、１年間で保健師と養護教諭の２つの資格取得でゆとりのない教育ではあったが、現在、あらゆる分野で活躍している卒業生の姿を頼もしく思う。（平成13年に法律が改正され、翌14年から保健婦は保健師と名称変更になったが、文中では保健師と表現した）

特別寄稿

卒業生に期待すること
～科学的・研究的思考で行動する養護教諭を目指して～

岩手県立大学看護学部　武田利明

本学は今年（平成29年）でちょうど20年目を迎えることになります。これまでに学部卒業生は1，488名、大学院博士前期課程修了生は118名、博士後期過程では17名となります。学部卒業生で養護教諭一種免許状取得者は205名で、県内で活躍されている方は21名のようです。このような数字から20年の歴史を感じています。当学部の教育目標の一つとして『科学的・研究的思考に基づく判断力と問題解決能力を身につけた看護専門職業人材』の育成があります。看護学に関する多くの専門科目の講義や学内演習・臨地実習、そして卒業研究を通して、これらの能力を身につけて養護教諭として活躍していることと思っています。

看護系大学で養護教諭の資格を取得できるメリットは、学校現場でも救急処置ができることですので、そのような技術についても要求されることが多いと考えています。医療現場では、科学的根拠に基づく医療（Evidence-based Practice:EBP）が求められており、経験知を科学知にするための研究が盛んに行われています。保健室において、創傷の処置は多いと思われますが、気になる治療法が普及しつつあるようですので紹介します。

創傷の治療法については、傷は乾燥させるべきとの考えが主流でしたが、１９６2年にWinterが発表した論文を契機に湿潤療法が急速に広まり、その後多くのエビデンスが集積されたことで創傷管理の基本として定着しています。この理論に基づいて、２０００年頃より食品保存用のサランラップを用いた、いわゆる『ラップ療法』が病院や介護施設、在宅において普及するようになりました。特に、このラップ療法は褥瘡の治療に用いられていたことから褥瘡学会での学術集会でシンポジウムを数回開催し、次のような考えとなっています。すなわち、『褥瘡の治療にあたっては医療用として認可された創傷被覆材の使用が望ましい。非医療用材料を用いた、いわゆる〝ラップ療法〟は、医療用として認可された創傷被覆材の継続使用が困難な在宅などの療養環境において使用することを考慮してもよい。ただし、褥瘡の治療について十分な知識と経験を持った医師の責任のもとで、患者・家族に十分な説明をして同意を得たうえで実施すべきである（褥瘡学会理事会見解：２００９／12／10）』とされています。このようにラップ療法は、①特別な状況下で使用を考慮しても良いこと、②医師の責任のもとで実施すること、③実施の際には、患者・家族に十分な説明をして同意を得ること、を遵守する必要があります。

学校現場においても、このラップ療法がかなり普及していることを示す論文（志村・竹下：２００9）を読む機会がありました。そこには、『保健室で閉鎖材料として使用している被覆材は「食品用ラップ」が78・5％で最も多く、次にハイドロコロイド（医療用創傷被覆材）が64・3％であった』と記載されていました。使用に際しての留意事項①～③は無視して使用されています。このような治療は全国でどの程度実施されているか不明ですが、少なくないように思っています。看護専門職として、食品用のラップを使用することへの抵抗感（アレルギー反応）と科学的な根拠や注意事項を十分に検討する必要があると考えています。このラップ療法による重篤な有害事象も報告されており、学校現場での使用は避けるべきであると思っています。医療現場と同様に学校現場においてもEBPの実践は重要と考えています。そのためには、科学的・研究的思考での行動がとても大切です。本学の卒業生には、その能力は身についていると信じていますので、学校現場においても自分の能力を信じて大いにご活躍ください。

今年の9月に盛岡で開催される第19回日本褥瘡学会（URL：http://jspu19.umin.jp/）では、創傷治療の基本について学ぶことが出来ますので、興味ある卒業生は是非参加してください。

文献　志村恵里香，竹下誠一郎：養護教諭が行う閉鎖療法の現状と課題，茨城大学教育学部紀要（自然科学），58号，79～88頁，２００９年

児童生徒の健康的に生活していく力を育む養護教諭との協働

千葉大学大学院看護学研究科　中村伸枝

この度、岩手県における養護教諭養成の歴史や活動をまとめるにあたり、声をかけていただき、心より感謝いたします。故兼松百合子先生（元岩手県立大学名誉教授）のつながりで、１９９６年に千葉大学看護学部で開催された国際シンポジウム「女性と子どもの健康問題とヘルスプロモーションに

関する看護研究の動向」で、遠藤巴子先生（当時、岩手県立盛岡短期大学）と共にシンポジストを務めさせて頂いたのが、私と岩手県の養護教諭の方との最初の出会いでした。その後、２０００年から２００４年にかけて、私が研究代表者を務めた「学童と親を対象とした日常生活習慣改善プログラムの試作と検討」において、盛岡市内にある２つの小学校で養護教諭の方々と共に、健康教育を企画・実施し評価を行いました。２００３年から２００６年には兼松先生を研究代表者とする小児糖尿病の研究に参加させていただき、小児糖尿病勉強会などで毎年数回、岩手県の養護教諭の方々と交流する機会がありました。また、２００８年から２０１２年に千葉大学看護学部で養護教諭養成を行った際に、学校の場における児童生徒への支援という視点での教育内容について、当時、岩手県立大学で養護教諭養成に携わっていた小山（平賀）ゆかり先生に多くの示唆や助言をいただきました。10年以上に渡る岩手県での養護教諭の方々との交流を通して感じたことは、学校という、小児期として、また、人生の基盤を作る時期として重要な児童生徒が、多くの時間を過ごし、健康に生きていくために必要な知識や技術、社会性を集団で学んでいく場において、ひとりひとりの子どもに目を向けつつ、集団での活動を支える熱意とスキルをもった養護教諭の重要性でした。

「学童と親を対象とした日常生活習慣改善プログラムの試作と検討」では、１９９８年の学童とその親の生活習慣の調査に参加した盛岡市内にある２つの小学校において、調査結果をふまえて養護教諭の方々とプログラムを作成しました。活動に使用する健康ファイルや万歩計などの資料や物品は大学から提供し、具体的なプログラムの実施にあたっては、養護教諭だけでなく担任の先生や栄養士など対象校で計画を立て、工夫しながら実施してくださいました。プログラムの実施の[1)]評価は、プログラム実施ごとの学童や親の反応と、プログラム前・直後・3年後に行った生活習慣に関する調査、プログラムを実施した養護教諭や担任の意見などに基づいて行いました。その結果、学童は、万歩計やブレーンストーミングなどを用いたプログラムに興味をもち積極的に参加し、3年後にも覚えていました。プログラム前後で行った生活習慣に関する調査では、プログラムで焦点をあてた栄養バランスを整えることやよく歩くことについて改善がみられました。また、3年後にプログラム[2]を受けなかった生徒との比較調査において、有意によく歩いていました。プログラムに興味を示した中等度肥満の学童が万歩計による歩数調べに取り組み、その後、万歩計による活動が同級生に広がる場面もありました。肥満児童への指導は、「自分だけが我慢して行う」ものではなく、他の学童も「やってみたい」ものを取り入れていくことが重要であると感じました。プログラム開始当時は、対象校の中で不安も示されましたが、活動を続ける中で、養護教諭、担任、栄養士などプログラムに関わる専門職の連携が図られ、創意工夫しながら協力し合う様子が伝わってきました。

小児糖尿病の研究では、「糖尿病児童生徒の治療と生活管理のためのマニュアル」の作成と、マニュアルを活用した養護教諭による糖尿病児童生徒に対する支援に取り組んでおられ、マニュアルの作成や小児糖尿病勉強会に参加させていただきました。兼松先生は本研究の成果の中で「子どもと保護者の気持ちに沿った支援を行うこと、子どもの強みを活かして生き生きとした学校生活を送ることが基本的に大切であり、そのために養護教諭、担任、部顧問等の連携が、また、より専門的な支援を可能にするために、医療職を含むチームアプローチが必要であることが明らかになった。」と述べており、示された児童生徒に対する健康支援のあり方は、小児糖尿病の枠を超えた視点であると感じます。

近年、子どもを取り巻く家族や社会のあり方が変化していくなかで、児童生徒の健康問題も大きく変化しています。インターネットの普及など急激な生活の変化が児童生徒にどのような長期的影響をもたらすのかは、未知数です。また、子どもの暮らす地域や家族など環境の影響を受け、児童生徒の健康問題は、より多様で複雑になっています。他方で、少子高齢化が進むなか、日本における児童生徒の教育にかける予算や養護教諭を含む教員養成のあり方も変化しています。児童生徒が心身ともに安定した状態で日々の学校教育を受けられるよう支援することは重要です。また、子ども自身が生涯に渡り健康で豊かな生活をおくる力をつけていくためには、その後の人生を見据え筋の通った方向性をもちつつ、その時々の環境や子どもの健康問題を反映させた創造的な体験型の教育が必要と考えます。日々、児童生徒の健康を丁寧に把握し対応するとともに、データを蓄積している養護教諭が、自律的に児童生徒のよりよい健康を目指して活動をされること、また、児童生徒を通してその保護者や家族、地域の健康の維持・増進に寄与していくことを祈念しています。

1) 岩手県立大学看護学部 小児糖尿病看護研究グループ：糖尿病児童生徒の治療と生活管理のためのマニュアル ～こどもの糖尿病の発見から治療の継続 そしてよい学校生活のために～，２００５年

2) 兼松百合子，平賀ゆかり，天野洋子，白畑範子，遠藤巴子，中村伸枝：糖尿病児童生徒支援マニュアルの作成と活用に関する研究，岩手県立大学紀要9，1～12頁，２００７年

公衆衛生と養護教諭

岩手大学名誉教授　立身政信

公衆衛生というのは、自然環境や生活環境までを含めた社会そのものの健康を保持増進しようとする科学と実践の活動分野です。その活動領域は地域とその中にある職域や学校であり、それぞれ「地域保健」「職域保健」「学校保健」などのように呼ばれています。このように分けられるのは、それぞれの分野での公衆衛生活動を進めるにあたっての由って来る法律や所轄機関が異なるためですが、当然それぞれの分野が全く別々に活動しているわけではなく、お互いに影響や連携をしあっているので、各分野の担当者は、お互いを理解し協同して事にあたる必要があります。

私は昭和51年に岩手医科大学の大学院に入学し、衛生学公衆衛生学講座の角田文男教授の指導で主に農業労働衛生分野の研究をさせていただきましたが、当時、同講座には教職員の他に大学院生や専攻生など20人近くが出入りして様々な分野の研究に取り組んでいました。学校保健も重要な研究分野となっていたので、私もいくつかの研究課題を担当しました。小学生が登下校に持ち歩く荷物の重量がとても重くなってきているというので、教職員のお子様たちに協力いただき、岩手医大の屋上でエネルギー消費量の測定を行ったり、肥満児童の疫学的調査と食事指導や運動実践の介入研究を、養護教諭や栄養士の皆さんと一緒に取り組むことができました。

こうして、大学院の４年と教員としての20年が過ぎ、２０００年度からは岩手大学の保健管理センターという、まさに学校保健の真っ只中で仕事をさせていただくことになりました。最初は４人のちに３人の看護スタッフと、最初は１人のちに２人のカウンセラーとで、約６０００人の学生と大学院生の健康管理を担当することになったのですが、２００４年度からは国立大学の法人化とともに岩手大学の専属産業医として教職員の健康管理や環境管理もより積極的に進める立場になりました。同時に安全衛生管理室が組織され、のちに保健師が対応するようになった衛生管理者等のスタッフが参加して、共に大学の教職員の健康と環境管理に関わっていくことになりました。

産業医としては、附属幼稚園、附属小学校、附属中学校、附属特別支援学校も兼務することになるので、各附属校園の養護教諭とできるだけ緊密に連携を図るようにしました。ストレスチェック制度がスタートする前から教職員の労働負担やメンタルヘルスについて調査してきましたが、附属小学校や附属中学校の教員は大変な長時間労働とストレスに苛まれていました。クラブ活動の指導や教育研修会の準備などが過重労働負担の原因となっているようでしたが、やっと最近になって行政が問題視してきたように思われます。ストレスチェックの集団評価を見ると、この過重労働負担を上司や同僚の支援でどうにかカバーしている状況が見えてきました。養護教諭をはじめとした学校保健スタッフの充実が極めて重要になっていると感じます。

私が岩手大学に赴任して取り組んだ課題のひとつに「キャンパスの禁煙化」があります。大学生活に慣れてきた学生が、合法的に喫煙可能な20歳を迎えて喫煙を開始し、習慣化してしまうケースが多いことを問題視したためです。喫煙習慣から脱却するのは極めて困難なので長年吸い続けることになり悪性新生物や心疾患等のリスクが高くなっていきます。家族等周囲の人々に受動喫煙をさせてしまうことで、社会的な健康阻害因子にもつながっていきます。喫煙防止対策となれば、先ずポスターやチラシあるいは健康教育の機会を設けて啓発活動を行い、喫煙者に対しては禁煙補助剤なども活用した支援を行うことが一般的ですが、なかなか効果が出にくいのが現実です。ところが、未成年者の喫煙率は近年急激に低下しています。学生を対象にその原因を調査してみると、最近の子供たちは喫煙に興味を持たなくなったことが第一に挙げられました。子供の喫煙を防止するには、テレビをはじめとしたマスコミュニケーションにタバコのコマーシャルや喫煙シーンを流さないことであるというのは国際的にも一致した意見です。このことは、小児肥満についても言われていたことでした。動かないでテレビばかり見ているから太るのではなく、テレビでタレントが美味しそうに食べるお菓子のコマーシャルを見て、それを一緒に食べているから太るのだ（テレビは録画で茶の間は現実だから、タレントは太らないのに子供は太る）というわけです。それほどにマスコミの影響は大きいものです。そうでなければ企業も宣伝費用を出さないでしょうから。この理屈から言えば、ポスターなども影響が大きいのでは？と思いますが、強制的に見せられることや興味を持たせるような工夫など、かなりの差があることは否めません。ＦＣＴＣ（タバコの規制に関する世界保健機関枠組条約）では締約国にタバコの広告等を規制することを呼び掛けており、日本もこれを遵守しているので、未成年者の喫煙への関心が薄れ、喫煙率が低下したということです。

未成年者の喫煙率低下要因として、学生たちが二番目に挙げるのは、喫煙できる場所が無くなったということです。２００３年の健康増進法施行以降全国的に学校の敷地内禁煙が進み、東北地方でも青森と宮城が２００４年、秋田、福島、山形が２００５年、岩手はだいぶ遅れて２００７年から県立学校（市町村教育委員会ではこの時までに概ね敷地内禁煙となっています）の敷地内が禁煙になりました。こうして高校生までの喫煙率が激減してきたので、次は大学が敷地内禁煙にする番です。岩手大学では安全衛生委員会に喫煙対策小委員会を設け、審議の結果3年後の敷地内禁煙化が決定されて２００８年度から開始されました。その後、学生の喫煙率は３％にまで低下し、教職員の喫煙率も10％台になっています。２００８年度からは岩手県立大学も敷地内禁煙となり、２０１１年度には東北大学も敷地内禁煙となって、東北地方は大学の喫煙対策が全国で最も進んでいる地域になっています。

公衆衛生活動は法律や規則に従って行われるものです。地域住民や学校の構成員と話し合いながら、みんなできまりを作って守っていくことが基本的な姿勢であると言えます。そのためには、自分たちの専門的な知識や技術を深めることはもちろんですが、学校を含めた地域社会の方々の知識や技術を尊重し、考え方を理解して一緒に活動していく姿勢が不可欠であると思っています。

養護学の構築を願って

前岩手県立大学看護学部　堀篭ちづ子

１９７０年、養護教諭養成課程で学び始めた私は間もなく次のようなことを知りました。それは、養護教諭は、学校教育法に「児童の養護をつかさどる」と定められているが、養護がどんな内容なのか具体的な規定はない。養護という抽象的な言葉では、教師や保護者には理解しにくく、子どもにとってはなおさらであり、また、肝心の養護教諭の間で、この言葉をどう解釈するかまちまちで、共通の考え方が確立されていないということでした。その後、故小倉学先生より専門職には職務遂行上の自由、つまり自律性が与えられ、児童の養護をつかさどるという場合のつかさどるはこの自律性を指していること、他の職種には代行できない独自の（ユニークな）機能を有しているということや養護教諭の専門的機能等多くのことを学びました。卒業後には、それらの学びを常に意識し、日常の職務のなかで実践を積み重ねました。例えば、養護教諭による救急処置の際には、子どもが自分の傷病の原因・処置内容の意味、今後の予防などについて、体験を通じて学習する機会になります。また、救急処置から健康相談が始まり、どのような生き方をしていくのか等の人間形成の教育の機会になる場合も少なくないことから、単に傷病の手当てをするということに留まらず、たとえ数分の対応であってもそこに何らかの教育の作用があってしかるべきとの思いで、個別的な保健指導を実施し、評価も行うように努めました。その際、養護実践の改善につなげるために、養護の対象である子ども側からの評価も意識的に行うようにしました。そこに養護はあったか、養護をつかさどる教育職員としての学校教育における存在意義について専門職として追求し続けたいという思いで取り組みました。

1998年（平成10）教育職員免許法が改正され、新たに「養護概説」という科目が設定されました。翌年（1999年）、養護教諭養成機関のテキストとして直接役立つようにと、わが国で初めて「養護学概論」の名称の書籍が出版されました（大谷尚子編著）。2000年（平成12）には、日本養護教諭教育学会第8回学術集会において、養護学の確立をめざしてというテーマのシンポジウムが開催されています。そして、2008年2月に「養護教諭のための養護学・序説」（大谷尚子著）が刊行され、私は期待を込めて一気に読み終え、自らの養護実践を振り返ったことを記憶しています。

研究者等により養護教諭に関する用語についてはは整理されてきていますが、養護学という学問はいまだに確立されてはいないのが現状です。

学校は今、チーム学校のみならず地域運営学校（コミュニティ・スクール）の導入もスタート（岩手県は今年度、昨年度より6校増の17校が指定）し、大きな転換期を迎えようとしています。

かつて私は養護教諭時代に、中教審答申や学習指導要領の改訂、子どもの健康問題の変化等多くのことに遭遇しましたが養護教諭としてのアイディンティティの揺らぎはありませんでした。それは養護教諭の養成教育において学修した「養護をつかさどる」教育職である専門職業人としての学びの基礎が根底にあったからだと思っています。つまり、基礎教育において養護教諭の精神をどのように学んできたのかということが、私のその後の養護教諭としての学びや成長に大きな影響を与えていたということが言えます。養護教諭養成にかかわった際には、少しでもそのことを伝えたいものであるとの思いを持ち学生の前に立っていましたが、根拠となる「養護学」が構築されていないことに歯がゆさと本当にこれでいいのだろうかと一抹の不安を感じることもありました。

時代は大きく動いており、その風を強く感じています。時代も人々のニーズもこれまで以上に質の高い養護の必要を示唆していることは間違いないと考えます。あらためて個々の養護教諭が本来の養護のありようを自覚し、じっくり、きちんと歩む必要があると考えます。個人の努力だけでは果たしえない事情も数多くあります。優れた養護の実践なくして養護教諭のアイデンティティも養護の受け手の子どもたちの成長発達支援も保つことはできないと考えます。関連学会誌等には多くの養護教諭の研究論文が散見されるようになってきています。察するに、養護学は確立していないというよりも、明文化されていないということのようにも思われます。それは、実践の中には貴重な原理＝養護学の本質があると確信しているからです。

養護学構築にむけて、岩手から発信できることはないのでしょうか。10年前から岩手県養護教諭部会では実践研究に関する研修会を開催し、実践を分析・報告し共有化を図ってきています。その岩手県養護教諭部会、研修・研究機関の岩手県立総合教育センター、行政、養成機関である岩手県立大学等の関係者が一堂に会して「省察する教育職としての養護の専門家」について議論し、協同して研究的に取り組み、活字にしていくことが養護学構築にもつながっていくものと次世代への期待をこめて考えています。また、岩手ようごの会の一員としては、省察できる専門職業人としての養護教諭であり続けるための小さな一歩となるような実践交流、その積み重ねが養護学の確立にもつながっていくのではなかろうかと願っているところです。

第9章　資料編

岩手県立大学における調査研究

Ｉ　学校現場における今日的課題に対応する保健室経営と養護教諭の役割

「保健室に関する意識・養護教諭の執務に関する研究」

１　研究目的：養護教諭、児童生徒、教員が保健室の役割をどのように捉えているのか、その実態を明らかにし、期待される保健室の機能とこれからの養護教諭の役割について研究を深め、保健室の在り方や執務（職務）の改善・充実のための資料作成とする。

２　研究方法：対象者：岩手県の養護教諭全員６０８人、県内内陸部・沿岸部の小中高校の教員（規模別に無作為抽出）６２８人、教員と同様に抽出された学校の小・中・高校の児童生徒それぞれ１０６４人・１０９１人・４６５人。

期　　日：平成11年12月〜12年３月

調査内容：それぞれの集団に保健室の利用理由・現在および理想の保健室のイメージを、養護教諭については執務に関する調査（実施状況・困難感・困難点）・必要とする研修を、また、児童生徒の保健室利用状況等である。

調査方法：無記名質問紙調査

3　研究組織

研究代表者：岩手県立大学看護学部 環境・保健看護学講座　遠藤巴子

共同研究者：（所属は平成13年度現在）

工藤　宣子　岩手県立大学看護学部Ｈ10～Ｈ12、岩手県立宮古工業高等学校Ｈ13～）

大久保牧子　金ヶ崎町立金ヶ崎小学校

畠山　幸枝　紫波町立彦部小学校

宮　　幸子　一戸町立平糠小学校

多田　淳子　滝沢村立滝沢南中学校

堀篭ちづ子　西根町立西根中学校

入駒　一美　岩手県立黒沢尻南高等学校

大越　恵子　岩手県立胆沢高等学校

川原　詳子　岩手県立一関第二高等学校

松野　智子　岩手県立盛岡北高等学校

菅野由紀子　岩手県立教育委員会事務局スポーツ健康課

4　結果（略）

5　研究成果（学会発表）

1、「保健室に関する意識調査（第1報）―養護教諭を対象として―」
第48回東北学校保健学会（2000年9月）青森県弘前市

2、「保健室に関する意識調査（第2報）―養護教諭の校種別比較―」
第48回東北学校保健学会（2000年9月）青森県弘前市

3、「養護教諭の執務に関する研究（第1報）
―岩手県における養護教諭の執務の実態と困難点―」
日本養護教諭教育学会第8回学術集会（2000年9月）大阪市

4、「養護教諭の執務に関する研究（第1報）
―岩手県における養護教諭の執務の実態と研修―」
日本学校保健学会（2000年11月）福岡市

5、「養護教諭の執務に関する研究（第1報）
―執務上の困難点・教職員との連携について―」
岩手公衆衛生学会（2001年2月）岩手県盛岡市

6、「養護教諭の執務に関する研究（第2報）
―執務上の困難点・学校医、関係機関との連携について―」
岩手公衆衛生学会（2001年2月）岩手県盛岡市

7、「養護教諭の執務に関する研究（第3報）

―執務上の困難点・児童会、生徒会活動の指導について―」

第49回東北学校保健学会（２００１年９月）岩手県盛岡市

８、「養護教諭の執務に関する研究（第４報）

―執務上の困難点・研究の取り組みについて―」

第49回東北学校保健学会（２００１年９月）岩手県盛岡市

６　まとめ（抜粋）

保健室に関する意識調査については養護教諭、児童生徒、教員の３者間に認識の違いが認められ、それぞれ共通理解を図る努力が必要と思われた。また、養護教諭の実態とその困難点では今日的健康課題に関する研修や研究活動への苦労、学校をとりまく環境や少子化の影響が日常の保健活動にも反映されており、活動がしにくくなっているなど、従来の指導にとらわれることなく創意工夫を凝らした取り組みを展開することが大切であると考えられた。

本調査は、県立大学創設時だったので、養護実習校との打ち合わせ・養護実習要項・養護実習記録などの作成等々に追われ、全てが白紙からの立ち上げの時期であったが、研究者の結束は固かった。養護教諭は共同研究したことにより児童生徒との関わりを意識して行うようになったこと、養護活動の取り組みを計画的に行うようになったことなどを挙げている。

本調査・報告書の作成は、県立大学財団法人岩手県学術研究振興財団から助成を受け実施した。

Ⅱ　糖尿病児童生徒への支援

1．「岩手県における小・中・高等学校での定期健康診断尿検査結果、尿糖陽性者と養護教諭の関わり」や「盛岡市内の2病院小児科に通院中の糖尿病患児と保護者および患児が通う学校の養護教諭の面接調査を行い支援の方法を検討」する等々の共同研究を重ね、小児・思春期糖尿病研究会や主に岩手県小児保健学会等で発表（9題）。

2．糖尿病児童生徒支援マニュアルの作成と活用に関する研究：兼松百合子，平賀ゆかり，天野洋子，白幡範子，遠藤巴子，中村伸枝，岩手県立大学看護学部紀要9，1～12頁，2007年3月

3．「学校関係者のための糖尿病児童生徒支援マニュアル～よりよい学校生活のために～」

学校検尿尿糖検査が1992年から開始されているが、発見された2型糖尿病患児の治療が確実に継続されていない現状があり、これに対し養護教諭を中心とする学校関係者がよい役割を果たせるのではないかとの視点から、学校関係者・小児科医師らと共に研究をし、その結果を踏まえ、標記マニュアルを出版した。

編著者　兼松百合子，天野洋子

著　者　平賀ゆかり，中村伸枝，白幡範子，遠藤巴子，工藤宣子

この冊子は、平成21年9月岩手県内の養護教諭の先生方に、糖尿病の子どもと家族への指導に活

用して頂きたいとの願いを込めて無料配布した。

Ⅲ　育児ストレスに関する共同（介入）研究

「岩手県における乳幼児の母親の育児ストレスの分析と育児ストレスを軽減する看護援助方法に関する研究」
研究代表者　兼松百合子，研究分担者　横沢せい子，遠藤巴子，荒木暁子，荒屋敷亮子，相墨生恵，川代アキ子，平成12年度岩手県立大学研究成果概要集，1～5頁，２００1年8月

0～3歳児を持つ母親を対象に日本語版ＰＳＩ（renting Stress Index）とソーシャルサポート質問紙による調査を実施。育児ストレスとソーシャルサポートを把握し，対象の中から同意を得られた61名に対し，育児ストレスを軽減するプログラム（5点の指針）により援助を行った。

その結果を分析し，それぞれの研究者により学会発表や論文報告をした（13題）。

私は「健康な1歳児の母親への継続的な援助の過程に見られたＰＳＩスコアの変化の特徴」の演題で家族看護学会にて発表した。

Ⅳ　学童とその親を対象とした日常生活習慣改善への実践

1．学童と親を対象とした日常生活習慣改善プログラムの試作と検討
研究代表者　中村伸枝，研究分担者　武田淳子，遠藤巴子，石川紀子，伊庭久江，林　由香，平成12～14年度科学研究費補助金（基盤研究(C)(2)）研究成果報告書，2003年3月
私は、12～13年度の2年間参加し、研究の趣旨に賛同した盛岡市の小学校（2校）の学童とその親を対象に行った研究であった。
協力校：盛岡市立城北小学校（校長 高橋郁雄、養護教諭 日高倫子）
　　　　盛岡市立見前小学校（校長 太田代政男、養護教諭 香川靖子）

2．学童とその親の日常生活習慣・健康状態と親の気がかりからみた看護活動の方向性
中村伸枝，石川紀子，武田淳子，内田雅代，遠藤巴子，兼松百合子，小児保健研究，60(6)，721～729頁，2001年

3．その他「養護教諭との連携による学童と親を対象とした日常生活習慣改善プログラムの実践」「学童の肥満と日常生活習慣についての親のとらえ方～学童の肥満を気がかりに挙げている親と気がかりに挙げていない親を比較して～」等々を各学会で発表、また、千葉大学看護学部紀要に報告。

２つの小学校の養護教諭からは、この研究により学んだことが多かったこと、その後の養護教諭の日常活動を意識的に行うようになったこと、児童とのかかわりが楽しくなったことなどの報告を受けた。

Ｖ　保育と保健・看護の視点から

同文書院より小児保健の執筆の依頼があった。筆頭著者は医師に依頼する予定とのこと。看護学部長の兼松百合子教授に相談。看護の視点から小児保健実習として発刊することで同文書院の合意を得出版した。

1．小児保健実習～保育と保健・看護の視点から～　編著 兼松百合子，遠藤巴子著者　坪山美智子，金野マサ子，荒木暁子他　１９９８年６月第1版発行から２００８年４月第６版発行まで担当した。

現在は、子供の保健・実習～すこやかな育ちをサポートするために～　編著　兼松百合子・荒木暁子・羽室俊子らによって継続出版されている。

2．岩手県の保育園保健の実態と看護職の役割：荒木暁子，遠藤巴子，羽室俊子，佐藤秋子，三好順子，岩手県立大学看護学部紀要5，47～55頁，２００３年

盛岡市の保育園看護婦と共同で、それまで明らかにされていなかった岩手県の保育園保健の実態と

看護職の役割について調査し報告した。

Ⅵ　その他

岩手県立大学が開学して間もない時期（平成10年9月）に岩手山周辺に地震（震度6弱）が発生。全学的に取り組まれた「岩手山防災に関する研究　～災害看護～」に参加。岩手山周辺の小学校を対象に防災に関する質問紙調査を実施し対策を考えた。

また、軽米町の雪谷川が氾濫（平成11年10月）、水害を受けた地区に看護学部の教員が救護活動に出かけることになり参画し家庭訪問、学校訪問をした。

岩手県立大学退職後の調査研究

Ⅰ　東北地方に見る黎明期の養護教諭養成：杉浦守邦，遠藤巴子，千葉久美子，日本養護教諭教育学会誌，11－1，63～82頁，２００８年3月

Ⅱ　岩手県立養護教諭養成所の存在と卒業生の実践活動が残したもの～卒業生の質問紙調査から～遠藤巴子，天野洋子，小山ゆかり，田村晃，岩手看護学会誌，第2巻第2号，38～50頁，２００９年3月

Ⅲ「岩手県における養護教諭の職務等に関する調査」

1　研究目的

養護教諭の職務等の現状を把握し、今日的課題を明らかにするとともに、養護教諭の資質能力の向上を図るため、現任研修のあり方や養護実践へのサポート体制の構築、さらには岩手県立大学看護学部養護教諭養成カリキュラム検討の基礎的資料を得ることを目的とする。

2　研究方法：対象は、岩手県内小・中・高校、特別支援学校に勤務する全養護教諭（臨時採用を含む）６７４名。

調査期間：平成24年９月～10月中旬

調査方法：無記名選択式質問紙法による。

3　研究組織

研究代表者：堀篭ちづ子　岩手県立大学看護学部　環境・保健看護学講座

共同研究者：（所属は平成25年度現在）

田口美喜子　岩手県立大学看護学部　環境・保健看護学講座

遠藤　巴子　元岩手県立大学看護学部　環境・保健看護学講座

豊巻　松美　岩手町立岩瀬張小学校

福士　典子　矢巾町立矢巾北中学校

澤口　紀子　岩手県立盛岡工業高等学校
中下　玲子　岩手県立紫波総合高等学校
田村美穂子　岩手大学教育学部附属特別支援学校
高橋　雅恵　岩手県立総合教育センター
入駒　一美　岩手県教育委員会事務局スポーツ健康課

4　結果（略）

5　研究成果（学会発表）

1、「A県における養護教諭の職務に関する研究（第1報）
—養護教諭の職務の現状と課題—」
第61回東北学校保健学会（2013年8月）岩手県盛岡市

2、「A県における養護教諭の職務に関する研究（第2報）
—特別支援学校養護教諭の職務の現状と課題—」
第61回東北学校保健学会（2013年8月）岩手県盛岡市

3、「A県における養護教諭の職務に関する研究（第3報）
—複数配置の現状と課題—」
第61回東北学校保健学会（2013年8月）岩手県盛岡市

4、「A県における養護教諭の職務に関する研究（第４報）
―養護教諭が求める研修内容―」
第61回東北学校保健学会（２０１３年8月）岩手県盛岡市

5、「A県における養護教諭の職務に関する研究（第１報）
―学校保健委員会の現状と課題―」
第25回岩手県公衆衛生学会学術集会（２０１４年2月）岩手県盛岡市

6、「A県における養護教諭の職務に関する研究（第２報）
―保健室経営計画の現状と課題―」
第25回岩手県公衆衛生学会学術集会（２０１４年2月）岩手県盛岡市

7、「A県における養護教諭の職務に関する研究（第１報）
―健康相談の現状と課題―」
第52回岩手県小児保健学会（２０１４年2月）岩手県盛岡市

6　まとめ（抜粋）

「学校保健計画を職員会議で検討し、各職員に周知している」「保健室経営計画の作成及び全職員への周知状況」「学校保健委員会の設置」は95％前後の実施率であった。「学校医が行う健康相談の企画・実施」「地域学校保健委員会の設置」「体育科・保健体育科における授業への参画・実施」は低率であった。

養護教諭が求めている研修では「救急処置に関わる最新の情報と学校での判断および処置」「健康安全にかかわる危機管理への対応」について95％以上の養護教諭が希望していた。

本研究結果の資料は、岩手ようごの会などにおいて、活用されている。

Ⅳ 「医療的ケアを必要とする児童生徒への支援の現状と課題」

1 研究の目的

岩手県の特別支援学校や特別支援学校以外の学校における医療的ケアを必要とする児童生徒の実態調査を行い、医療的ケア内容の現状と医療的ケアの実施における課題を明らかにする。

2 研究方法

岩手県の小学校（３４１校）、中学校（１６９校）、高等学校（91校）、特別支援学校（30校）の合計６３１校を対象に、郵送による質問紙調査（選択式と自由記述の併用）を実施した。回収率は74・３％であった。調査期間は２０１５年11月。

3 研究組織

研究代表者：大久保牧子　岩手県立大学看護学部　地域看護学講座

共同研究者：（所属は平成27年度現在）

田口美喜子　岩手県立大学看護学部　地域看護学講座
入駒　一美　岩手県立一関清明支援学校
遠藤　巴子　元岩手県立大学看護学部
香川　靖子　盛岡市立上田中学校
立身　政信　岩手大学保健管理センター
田中　千尋　岩手県立前沢明峰支援学校
田村美穂子　岩手大学教育学部附属特別支援学校
中下　玲子　岩手県立紫波総合高等学校
山口　淑子　山口クリニック

４　結果（略）

５　研究成果（学会発表）

１、Ａ県の医学的ケアを必要とする児童生徒の支援の現状と課題
―医療的ケアを必要とする児童生徒に携わった経験がない小学校および中学校の養護教諭が考える医療的ケアの課題―

第64回東北学校保健学会（２０１６年9月）山形県山形テルサ

2、A県の医学的ケアを必要とする児童生徒の支援の現状と課題（第1報）
—看護師の配置状況（現状）から期待される養護教諭の役割—
第9回岩手看護学会学術集会（2016年11月）岩手県立大学

3、A県の医学的ケアを必要とする児童生徒の支援の現状と課題（第2報）
—医療的ケアを必要とする児童生徒に携わった経験がない高等学校及び特別支援学校の養護教諭養護が考える医療的ケアの実施の課題—
第9回岩手看護学会学術集会（2016年11月）岩手県立大学

4、医学的ケアを必要とする児童生徒への支援の現状と課題
—医療的ケアを経験したことがある養護教諭が考える医療的ケアの課題—
日本学校保健学会第63回学術大会（2016年11月）茨城県筑波大学

5、医学的ケアを必要とする児童生徒への支援の現状と課題
—医療的ケアを必要としている児童生徒が在籍している学校の校内体制等の課題—
第32回岩手県学校保健・学校医大会（2017年1月）岩手県医師会館

6、医学的ケアを必要とする児童生徒への支援の現状と課題
—医療機関との連携の実態—
第55回岩手県小児保健学会（2017年2月）いわて県民情報交流センター

7、A県の医療的ケアを必要とする児童生徒の支援の現状と課題
—医療的ケア内容の現状と医療的ケア実施における課題—

第28回岩手公衆衛生学会学術集会（２０１７年3月）岩手県歯科医師会館

6　まとめ（抜粋）

「吸引や経管栄養等の医療的ケアを必要とする児童生徒が、特別支援学校以外の学校にも在籍している（小学校３人・中学校５人）ことが明らかになった」

「特別支援学校の看護師の配置状況は1校あたり3～12人で、全員非常勤であった」

医療的ケアを経験したことがある養護教諭が考える医療的ケアの課題として、「校内体制の整備」「教員同士や保護者・他機関との連携」「看護師等の待遇」「養護教諭自身の戸惑い」等々が挙げられた。

「今後、医療的ケアが必要な児童生徒が増加傾向にあることから、医療的ケアを必要とする児童生徒が在籍する学校においては、通知等を十分に理解し、校内で協議のうえ、学校長を中心に受け入れるための組織的な学校体制を整備することが望まれる。」

この研究は、岩手公衆衛生学会研究助成費、岩手県立大学若手ステップアップ研究費、同基盤研究費の一部により実施した。

岩手県養護教諭関連年表

和暦		西暦	月	岩手の養護教諭のあゆみ	月	国の主な関連事項
明治	38				9	岐阜県校費で学校看護婦を置く
	41				9	岐阜県史上初の専任学校看護婦（広瀬ます）
大正	13	1924		学校看護婦1人配置		
	14	1925		学校看護婦3人配置		
昭和	2	1927	3	学校看護婦5人配置（岩手郡1人 和賀郡3人 西磐井郡1人） 仁王小学校に学校看護婦、雪浦テツ（旧姓根守）常駐。		
	3	1928		学校看護婦23人配置		
	4	1929			3	第1回全国学校看護婦大会（於 東京）
	10	1935	4	岩手県女子師範学校内に学校看護婦養成講習・実習（日赤病院で）開設（2年間） 看護婦免状又は保健婦試験合格証書（昭和11年度～20年度卒業生まで）		
	16	1941			2 7 8 12	国民学校令制定により養護訓導の職制成立 保健婦規則制定 養護訓導資格取得講習会 各地で開催 第2次世界大戦開戦

17	1942			4	養護訓導養成所（養成期間2年）開設
18	1943			7	養護訓導必置制「国民学校令一部改正…但し附則により必置猶予される」
19	1944	5	盛岡赤十字病院　養護訓導の養成開始（養護訓導養成部資格の指定を受ける）		
20	1945			8	終戦
21	1946			2	小中学校に養護訓導1校1名の配置勧告「通達：学校衛生刷新ニ関スル件」
				3	学校現場の健康復旧緊急の要請により一般教員に先立ち養護訓導の試験検定を実施（学校現場の健康復旧の緊急要請）「通達：養護訓導試験検定臨時措置ニ関スル件」
				4	GHQ公衆衛生福祉局に看護課設置
				11	日本国憲法発布
22	1947	8	養護教諭養成講習会受講　修了者に仮免許状資格を付与（昭和22年から24年までの3年間で5回実施）	3	学校教育法制定により養護訓導は養護教諭と改称
				5	日本国憲法施行
23	1948			7	保健婦助産婦看護婦法公布
24	1949	4	岩手県立養護教諭養成所開設（養護教諭1級免許状）岩手県教育委員会が盛岡赤十字高等看護学院へ養護教諭養成（前期課程）委託（昭和30年度入学生まで）	5	教職員免許法・同施行法の制定（以後養護教諭は看護婦免許取得が要件）
				11	中等学校保健計画実施要領で新しい養護教諭の職務内容全15項目を提示（小学校16項目）

和暦	西暦	月	岩手の養護教諭のあゆみ	月	国の主な関連事項
昭和26	1951			11	養護教員職制10周年
27	1952	4	岩手県立養護教諭養成所（後期課程）開設（岩手大学教育学部）		
28	1953	4	岩手県立盛岡高等看護学院（養成期間3カ年）開設	7	教育職員免許法改正にともない看護婦免許を基礎資格としない養成可能に
		4	岩手県立盛岡保健婦専門学院創設		
29	1954	8	岩手県立盛岡保健婦専門学院（養成期間8カ月）発足	6	教育職員免許法改正により仮免許状の制度廃止
31	1956	4	岩手県立養護教諭養成所（養護教諭1級免許状）岩手県教育委員会が岩手県立盛岡高等看護学院へ養護教諭養成（前期課程）委託（昭和33年度入学生まで）		
32	1957			10	日本学校保健会養護教員部会発足（昭和42年まで）
33	1958			4	学校保健法（昭和33年法律第56号）制定公布 「学校保健法の解説」に養護教諭の職務内容（16項目）提示
34	1959			12	日本学校安全会法制定公布
35	1960			3	日本学校安全会設立

36	1961	4	岩手県立盛岡保健婦専門学院（1カ年）（看護婦免許状＋1年＝養護教諭1級免許状）（昭和36年～昭和44年）	9	養護教諭職制20周年 全国みどり会発足（退職養護教諭の会）
37	1962	3	岩手県立養護教諭養成所終息	4	国立大学に養護教員養成課程を設置（看護婦免許状＋1年制＝養護教諭1級免許状）
39	1964			7	日本学校保健会養護教員部会（職務内容11項目） 「養護教諭の執務」発刊
40	1965			3	国立養護教諭養成所設置法公布
				4	国立大学に養護教諭養成所（3年制）設置（養護教諭2級免許状と中学校教諭（保健）2級免許状）
45	1970	4	岩手県立衛生学院　創立 保健婦養護教諭科（養護教諭1級免許状）（昭和45年～平成11年）		
46	1971		岩手県養護職員連絡協議会設立		養護教諭職制30周年
47	1972			12	保健体育審議会答申において養護教諭の職務を提示「児童生徒の健康の保持増進に関する施策について」
48	1973		国立養護教諭養成所協会（職務内容8項目）		
50	1975			4	国立大学に養護教諭養成課程（4年制）設置（養護教諭養成所の移行）（養護教諭1級免許状）

和暦	西暦	月	岩手の養護教諭のあゆみ	月	国の主な関連事項
昭和52	1977		岩手県学校保健会養護職員部会（岩手県養護職員連絡協議会を改称）	11	全国養護教員会発足（会長：及川うた）
54	1979		養護職員部会会誌3号発刊		
56	1981				養護教諭職制40周年
57	1982			7	日本学校健康会設立（日本学校給食会と日本学校安全会が統合）
59	1984		養護職員部会　研究集録8号発刊（会誌を改称）		
60	1985		岩手県学校保健会養護教員部会（岩手県学校保健会養護職員部会を改称）		文部省主催「養護教諭ヘルスカウンセリング指導者養成講座」開始
61	1986	4	初の養護教諭指導主事兼保健体育主事配置		「一筋の道」全国みどり会発刊
				3	日本体育・学校健康センター設立（日本学校健康会と国立競技場が統合）
63	1988	4	岩手県立総合教育センター開設（花巻市）	12	教育職員免許法改正により専修・一種・二種免許状になる
		5	全国みどり会第26回総会、盛岡市で開催		
平成3	1991	11	「養護教諭職制50周年の集い」開催 岩手県みどり会開催 （於：サンセール盛岡）	8	養護教諭職制50周年 『養護教諭制度50周年記念誌』発刊（ぎょうせい1991年）
					全国養護教諭連絡協議会設立（会長 中村道子）
4	1992			11	全国養護教諭教育研究会設立（代表 堀内久美子）

5	1993			4	第5次公立高等学校学級編成及び教職員配置計画スタート（養護教諭については3学級以上に全校配置、30学級以上に複数配置）
6	1994	6	「ゆずり葉・養護教諭職制五十周年記念誌」発刊（岩手県みどり会）		
7	1995			4	学校教育法施行規則一部改正により養護教諭保健主事に登用
8	1996		岩手県学校保健会養護教諭部会（岩手県学校保健会養護教員部会を改称）		
9	1997			9	保健体育審議会答申において養護教諭の新たな役割（健康相談活動 養護教諭が行うヘルスカウンセリング等）を提言
				11	日本養護教諭教育学会発足（全国養護教諭教育研究会を改称　理事長　堀内久美子）
10	1998	4	岩手県立大学 創設 看護学部　養護教諭1種免許状（選択）	7	教育職員免許法一部改正により兼務発令による保健の教科の担当可能に
12	2000			1	学校教育法施行規則の一部改正により管理職登用への道が開かれる（平成12年4月施行）
13	2001	3	岩手県立衛生学院閉校	4	養護教諭職制60周年 教育公務員法特例の一部改正（法律、平成12年4月）により専修免許状取得のための大学院入学資格の弾力化（平成13年度開始）
		9	岩手県立大学看護学部看護学研究科開設に伴う要望書を大学へ提出（岩手県学校保健会養護教諭部会）		

和暦	西暦	月	岩手の養護教諭のあゆみ	月	国の主な関連事項
平成		10	岩手県みどり会正式に発足	6	第7次教職員定数改善計画（小学校851人以上、中学校・高校801人以上、特殊教育諸学校61人以上に複数配置養護教諭に加配が適応）
				12	保健師助産師看護師法（保健婦助産婦看護婦法を改正）
14	2002	4	岩手県立大学大学院　看護学研究科博士前期課程　開設 岩手県立大学看護学部　高等学校教諭（保健）1種免許状（選択）	4	学校週5日制完全実施
15	2003			10	独立行政法人日本スポーツ振興センター設立（日本体育・学校健康センターから移行）
16	2004	4	岩手県立大学大学院　看護学研究科博士後期課程　開設	12	発達障害者支援法（平成16年法律第167号）公布
17	2005			4	発達障害者支援法施行、発達障害のある児童生徒への支援について（通知）
18	2006	6	岩手県退職養護教諭会（岩手県みどり会を改称）	4	全国退職養護教諭会（全国みどり会を改称）
20	2008	4	初の研修主事配置（県総合教育センター）	1	中央教育審議会答申　養護教諭の職務と役割について提言

				6	学校保健安全法（学校保健法を改正し〈法律第73号〉改題
21	2009	4	研修指導主事（研修主事を改称）	4	学校保健安全法（同政令・省令）施行
23	2011	7	東日本大震災支援対策委員会発足 （岩手県学校保健会養護教諭部会）	6	養護教諭職制70周年 介護保険法等の一部を改正する法律による社会福祉士及び介護福祉士法の一部を改正する法律が成立（H24年4月施行）一定の条件下で、特別支援学校及び小中学校等において教員が制度上、医療的ケアを実施することが可能となる
24	2012	4	初の主任指導主事兼主任保健体育主事配置 研究集録・部会誌第36号「ようご岩手」発行（名称変更）		㈶日本学校保健会が養護教諭の役割・職務について提示
		9	ホームページ「ようご岩手」開設 （岩手県学校保健会養護教諭部会）		
26	2014	7	「岩手ようごの会」発足		
27	2015	4	初の副校長配置		
28	2016	4	初の指導養護教諭配置	1	養護教諭関係団体連絡会発足
29	2017	4	県指導主事2名（兼務職とれる）		

岩手県における養護教諭養成のあゆみ

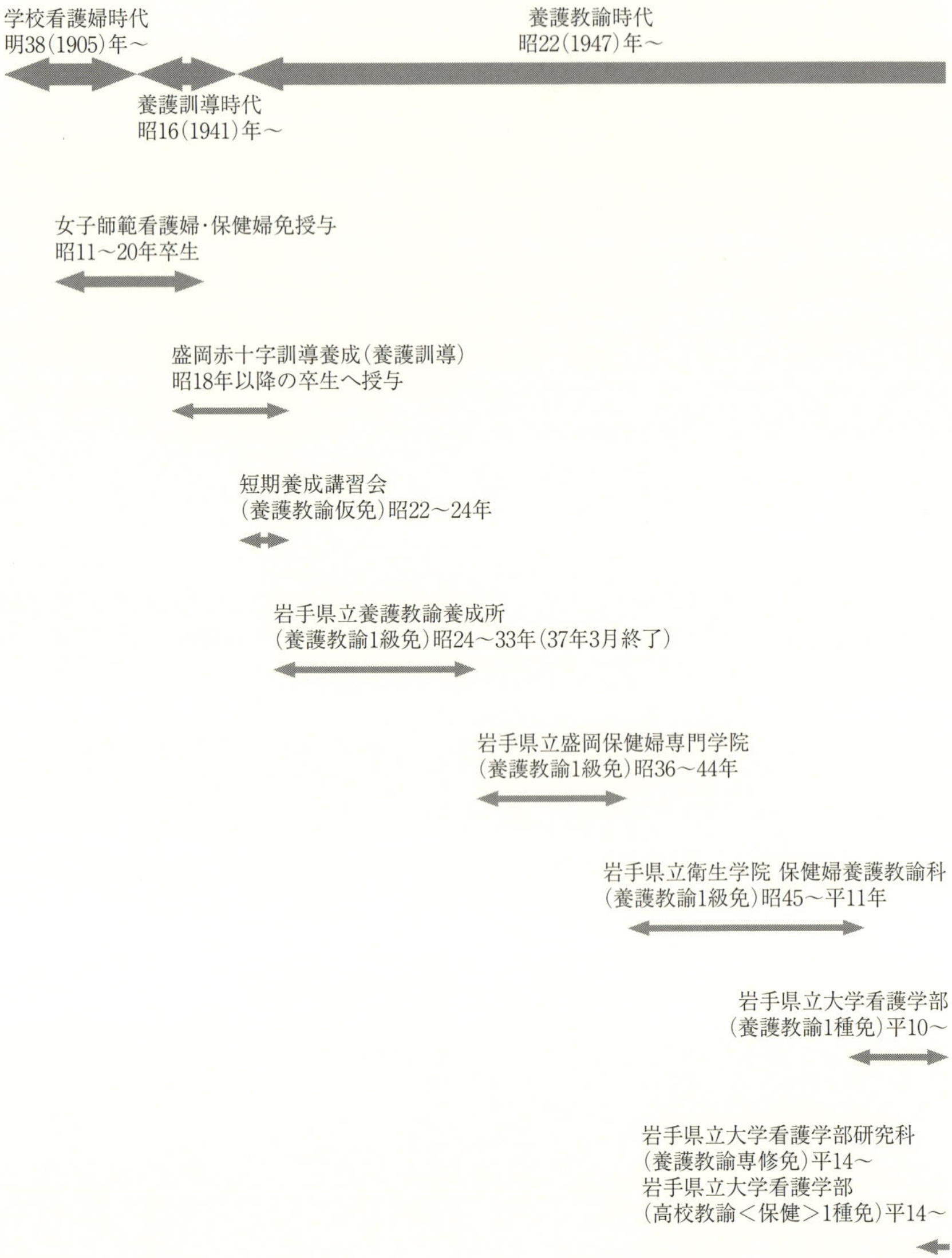
学校看護婦時代
明38(1905)年～
養護教諭時代
昭22(1947)年～
養護訓導時代
昭16(1941)年～
女子師範看護婦・保健婦免授与
昭11～20年卒生
盛岡赤十字訓導養成(養護訓導)
昭18年以降の卒生へ授与
短期養成講習会
(養護教諭仮免)昭22～24年
岩手県立養護教諭養成所
(養護教諭1級免)昭24～33年(37年3月終了)
岩手県立盛岡保健婦専門学院
(養護教諭1級免)昭36～44年
岩手県立衛生学院 保健婦養護教諭科
(養護教諭1級免)昭45～平11年
岩手県立大学看護学部
(養護教諭1種免)平10～
岩手県立大学看護学部研究科
(養護教諭専修免)平14～
岩手県立大学看護学部
(高校教諭＜保健＞1種免)平14～

主要な参考・引用文献

『岩手県統計書』昭和3年度　教育・学校衛生　１９２８年
『岩手の教育行政物語』六三制教育研究会　熊谷印刷出版部　１９８０年10月
『近代教育史　第四巻』教育統計・年表編　岩手県教育委員会（編）　熊谷印刷　１９８１年
『写真帳　岩手の師範学校―その歩みと岩手大学教育学部』岩手大学教育学部資料委員会　トリョーコム　１９８３年12月
『山中吾郎―ロマンを求めたその生涯―』山中吾郎追悼集刊行会　熊谷印刷　１９８４年6月
『清流　濁流　岩手の教育行政受難物語』口述・佐々木惣吉　岩手県教育行政連絡会　熊谷印刷　１９９２年
『学校保健百年史』監修・文部省　編集・日本学校保健会　第一法規　１９７３年7月
『全国のモデルケースとなった岩手県養護教諭養成所』「人間の育つ社会をめざして　観と道と策　第61号」六三制教育特集号　教育、政治経済研究会　昭和53年（１９７８）11月1日発行
『岩手県立衛生学院創立二十周年記念誌』岩手県立衛生学院　１９８９年11月
『七十年のあゆみ』盛岡赤十字病院　１９９０年10月
『岩手県立大学盛岡短期大学部同窓会'05成美会』岩手県立大学盛岡短期大学部同窓会成美会　２００５年3月
『愛の看とり―看護婦養成一〇〇年のあゆみ―』日本赤十字社岩手県支部盛岡赤十字桐花会　１９９９年10月
『あゆみ　１９２０…２００４　盛岡赤十字看護専門学校　閉校記録誌』盛岡赤十字看護専門学校閉校記録誌

編集委員会　２００４年11月
『全国養護教諭連絡協議会―設立20周年記念誌―』全国養護教諭連絡協議会　２０１２年３月
『第53回全国大学保健管理研究集会』抄録集　全国大学保健管理協会／岩手大学　杜陵高速印刷　２０１５年
小倉学『養護教諭―その専門性と機能―』東山書房　１９７３年
杉浦守邦『養護教員の歴史』東山書房　１９７４年10月
森日出男・編著『看護のみちしるべ　名著との出会いと看護のこころ』中央法規　１９８３年10月
山中吾郎『ろまんをもとめて』熊谷印刷出版部　１９８４年７月
平山朝子他『暮らしのなかの看護―ライフサイクルと健康―』日本看護協会出版会　１９８６年４月
発行人　工藤礼子・米山博子『追想　岩崎コヨ先生』グローバルプレス出版事業部　１９８７年12月
山中邦紀『雑編一束―山中吾郎拾遺集―』熊谷印刷　１９８９年５月
岩手県みどり会『ゆずり葉・養護教諭職制五十周年記念誌』熊谷印刷　１９９４年６月
杉浦守邦『養護教諭制度の成立と今後の課題―自分史を交えて―』東山書房　２００１年９月
横田綾二『岩手県議員会館　夢物語』熊谷印刷出版部　２００５年
杉浦守邦『日本の養護教諭の歩み』東山書房　２００５年10月
藤田和也『養護教諭が担う『教育』とは何か―実践の考え方と進め方―』農文協　２０１３年４月
岡田加奈子『養護教諭の常識？非常識？』少年写真新聞社　２０１４年８月
鈴木裕子『養護教諭の歴史とアイデンティティーに関する研究―養護概念の変遷の検討を中心に―』ＤＴＰ出版　２０１６年４月

工藤宣子・遠藤巴子「岩手県における養護教諭養成の歴史的変遷（第1報）―明治時代から岩手県立養護教諭養成所設置まで―」岩手県立大学看護学部紀要　１９９９年3月
遠藤巴子「学校現場における今日的課題に対応する保健室経営と養護教諭の役割」平成12年度 岩手県立大学研究成果概要集　46～50頁　財団法人岩手県学術研究振興財団　２００１年8月
遠藤巴子・杉浦守邦他「岩手県における養護教諭養成の歴史的変遷（第２報）―岩手県立養護教諭養成所について―」学校保健研究47　２００５年
杉浦守邦・遠藤巴子他「東北地方に見る黎明期の養護教諭養成」日本養護教諭教育学会誌11⑴　２００８年
堀篭ちづ子「岩手県における養護教諭の職務に関する調査」岩手県における養護教諭の職務に関する調査報告書 平成24年度調査結果　トーバン印刷　２０１４年3月
古屋義博「特別支援学校の教師による医療的ケアに関する諸課題」教育実践学研究19　２０１４年
日本養護教諭教育学会　養護教諭の資質能力向上検討ワーキンググループ 三木とみ子他「現代の養護教諭に必要な資質能力の検討」日本養護教諭教育学会誌　20巻第1号　２０１６年9月
鈴木裕子「杉浦守邦氏が養護教諭教育に遺した功績と課題」日本養護教諭教育学会誌 20巻2号　２０１7年3月
文部科学省「公立義務教育諸学校の学級編制及び教職員定数の標準に関する法律等の一部改正等について」（通知）13文科初第４４４号　２００１年
文部科学省「特別支援学校等における医療的ケアの今後の対応について」（通知）23文科初第１３４４号　２０１１年12月

おわりに

養護教諭とは、学校教育法で規定されている「児童の養護を掌る」教育職員だが、日本養護教諭教育学会では「学校におけるすべての教育活動を通して、ヘルスプロモーションの理念に基づく健康教育と健康管理によって子どもの発育・発達の支援を行う特別な免許を持つ教育職員である」と定義している。

私が養護教諭になった頃は、治療医学・衛生指導が中心であり、学校内で医師が行ったトラホームの手術後の治療など治療的活動が主体だった。その後、保健指導や健康教育など予防医学的活動が活発になり、やがてヘルスプロモーションへと基本的考え方が医学の進歩、児童生徒の健康の変遷に伴って変化してきた。

私たちの世代から見れば隔世の感がある。だが、ここに至るまでの苦闘の歴史も忘れてはならない。先駆者たちのパイオニア精神があったからこそ今日がある。

この本をまとめるにあたり、できるだけ多くの退職・現職の養護教諭に会って貴重な証言を聞き取るように努めた。改めて先人たちの労苦に敬意を表するとともに、これまで何度か養成の危機に直面しながらも養成が継続されてきた根底には、児童生徒の健康を願う岩手の地域性、県民性が息づいていることを実感させられた。また、子どもを思う現職養護教諭と退職養護教諭のきずなに接して誇らしく思った。

この本が現職養護教諭や次代を担う若い世代の励みとなり、岩手の将来を担う児童生徒の育成のためのの指針となればこのうえない幸せである。

末尾となりますが、序文をお引き受けいただいた中村朋子先生、本文全体にわたりご助言・ご校閲をいただいた川原詳子先生、堀篭ちづ子先生、ご寄稿並びに取材をお引き受けいただいた諸先生方の深甚なるご協力に感謝申し上げます。

著者紹介

遠藤　巴子（えんどう ともこ）

昭和11年（1936）岩手県葛巻町生まれ。岩手県立養護教諭養成所卒。普代小学校養護教諭、岩手県立盛岡短期大学上席看護婦を経て岩手県立大学講師、平成14年３月退職。
主な著書（共著）、『小児保健実習』（同文書院）『青年期の保健と看護―大学生の健康管理―』（日本看護協会出版会）『学校関係者のための糖尿病児童生徒支援マニュアル』（青山社）

岩手《いわて》の養護教諭《ようごきょうゆ》 ― 次代《じだい》への伝言《でんごん》 ―

2017年（平成29）11月15日　第１刷発行

著　者　遠藤 巴子
発行所　盛岡出版コミュニティー
MPC Morioka Publication Community
〒020-0824　岩手県盛岡市東安庭2-2-7
TEL&FAX 019-651-3033
http://moriokabunko.jp
印刷製本　杜陵高速印刷株式会社

ISBN978-4-904870-42-6 C1037